	たり	たら	たり	たり	たる	たれ	たれ	ラ変	②存続（…ている・…てある）
	たし	（たく） たから	たく たかり	たし	たき たかる	たけれ	○	形容詞	①希望（…たい・…てほしい）
	けむ	○	○	けむ	けむ	けめ	○	四段	①過去推量（…ただろう） ②〔過去の〕原因推量（〔どうして／〜だったので〕…たのだろう〕 ③〔過去の〕婉曲・伝聞（…たような・…たとかいう）
終 （ラ変※1は体）	らむ	○	○	らむ	らむ	らめ	○	四段	①〔視界外の〕現在推量（今頃は…ているだろう） ②原因推量（〔どうして／〜なので〕…なのだろう） ③婉曲・伝聞（…のような・…とかいう）
	らし	○	○	らし	らし	らし	○	無変化	①〔確かな根拠にもとづく〕推定（…らしい）
	べし	（べく） べから	べく べかり	べし	べき べかる	べけれ	○	形容詞	①推量（…だろう） ②当然（…はずだ・…べきだ） ③可能（…できる） ④意志（…しよう） ⑤命令（…しろ） ⑥適当（…がよい）
	まじ	（まじく） まじから	まじく まじかり	まじ	まじき まじかる	まじけれ	[illegible]	[illegible]	①打消推量（…ないだろう） ②打消当然（…はずがない・…べきでない） ③不可能（…できない） ④打消意志（…しないつもりだ） ⑤禁止（…するな） ⑥不適当（…ない方がよい）
	めり	○	（めり）	めり	める	めれ	[illegible]	[illegible]	①推定（…ようだ） ②婉曲（…ようだ・…と思われる）
	なり	○	（なり）	なり	なる	なれ	[illegible]	[illegible]	①推定（…ようだ） ②伝聞（…という・…だそうだ）
体 体言	なり	なら	なり に	なり	なる	なれ	[illegible]	[illegible]	①断定（…である） ②存在（…にある・…にいる）
	ごとし	○	ごとく	ごとし	ごとき	○	[illegible]	[illegible]	①比況（…のようだ） ②例示（…など）
体言	たり	たら	たり と	たり	たる	たれ	[illegible]	形容動詞	①断定（…である）
サ未 四已	り※2	ら	り	り	る	れ	れ	ラ変	①完了（…た・…てしまった） ②存続（…ている・…てある）

※1…ラ変型に活用する語（＝①ラ変動詞／②形容詞（カリ活用）・形容動詞／③ラ変型・形容詞型（カリ活用）・形容動詞型に活用する助動詞）の場合は、その連体形に接続する。

※2…サ変動詞の未然形、または四段動詞の已然形に接続する。

古文
レベル別問題集

1 文法編

東進ハイスクール・東進衛星予備校
富井 健二
TOMII Kenji

東進ブックス

はじめに

自分に合った問題集を選ぶのはなかなか難しいもの。問題を解き進めていくうちに、様々な疑問点が発生し、せっかくやる気を出して解き始めたのに途中であきらめてしまう。これは、充分な学力が身についていないにもかかわらず、難易度の高い問題にチャレンジしてしまっていることに一因があります。問題集は、段階的に無理なく学習することが大切。そこで、「**今の自分のレベルから無理なく始められて、志望校合格レベルまで着実に学力を伸ばす問題集**」というコンセプトのもと、この「古文レベル別問題集」シリーズを立ち上げました。

時間の限られた受験生にとって無駄は禁物。解説が「冗長」で内容を理解するのにかなりの時間を要する問題集を使用するのはよくありません。今の自分の学力に応じた問題を解きながら、志望校レベルに最短距離で到達するためには、**一切の無駄を省いた解説が掲載された問題集**を使って学習する必要があります。本書は、膨大な入試問題データベース[*1]から「学力を伸ばす良問」を厳選し、その難易度・問題形式・出題傾向を分析してレベル別に再編しました。解説文は徹底的に無駄を省きながらも、解答する過程で一切の疑問点を残さぬよう、必要な情報[*2]はふんだんに盛り込んであります。

本書は、たとえ辞書や古文単語集、古典文法の解説書がなくても、教えてくれる人が側についていなくても、どんどん一人で解いていくことができる、いわば**独習可能な問題集**です。スモールステップで自分に必要なレベルから第一志望合格まで、無理・無駄なく、最短距離で古文の読解力を向上させていきましょう。

著者　富井健二

◆**補足説明**

＊1…内容やジャンルにおいて得手不得手が生じないように、**様々な形式の問題**を偏りなく取り上げました。

＊2…本文解説の細かい**補足説明**は脚注に収録。【全文解釈】では問題文の**一語一語をすべて品詞分解**し、「既習」の語については、その活用形・意味・用法などを明示しました。また、文法と同時に重要な**古文単語**も身につくよう随時掲載。この上ないほどきめの細かい解説になっています。

❷本書の特長――「主要28大学×10年分の入試分析結果」をもとにした問題集――

この「古文レベル別問題集」制作にあたって、我々は東京大学の「古文サークル すずのや」にご協力いただき、かつてないほど大規模な大学入試問題分析を敢行。主要[*1]28大学計277学部の入試問題を各10年分、合計「約1000題」[*2]を対象として、次の3点について分析・集計を行ないました。

【大学入試の分析ポイント】

① 出題された問題文の出典（作品名）・ジャンルは何かを集計。
② 問題文中の傍線部や空所に入る語句をすべて品詞分解し、そこに含まれる文法・単語を集計。[*3]
③ 傍線部・空所以外にも、解答に直接関わる文法・単語等を集計。

入試で問われている（＝覚えておけば得点に直結する）知識は何なのか。個人の経験や主観ではなく、極めて客観的・統計的な大規模調査を行ない、その結果を本書に落とし込みました。受験生が古文に割くことのできる限られた時間を、実際はほとんど出題されない知識の修得に費やす。従来のそういった古文学習の悪癖を払拭し、本当に必要な知識だけを最短距離で身につけるための問題集であるという点が、本書最大の特長です。

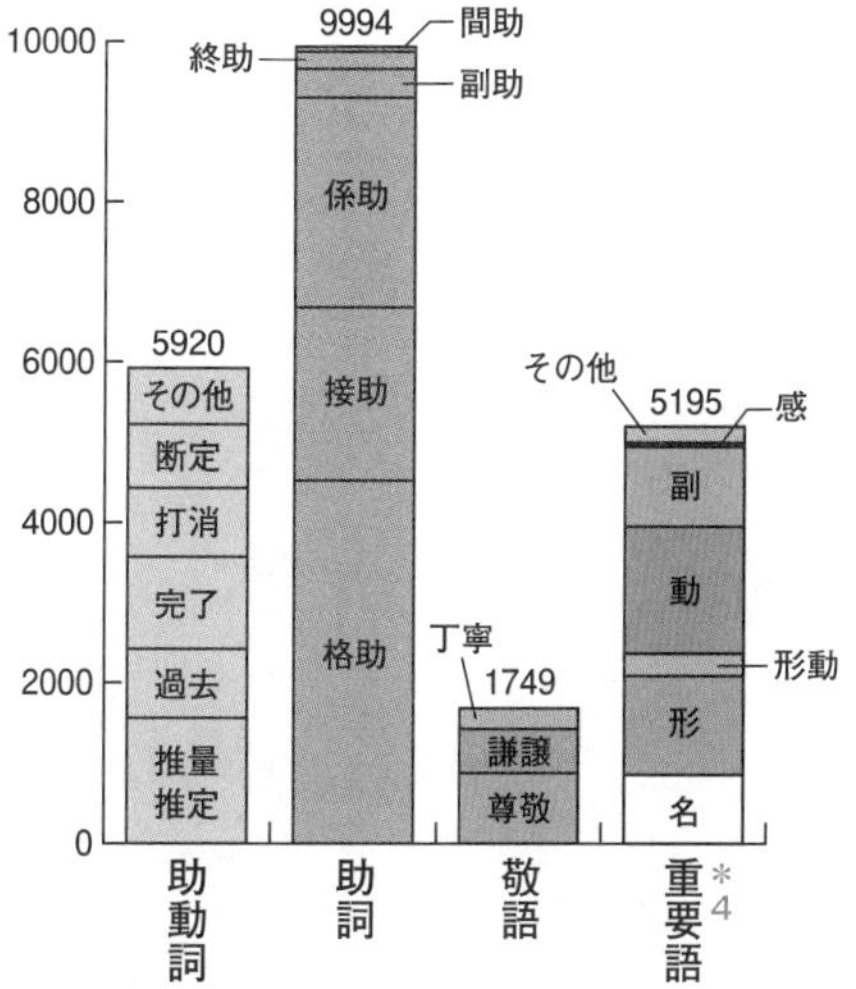

▲傍線部等に含まれる単語とその回数

◆補足説明

＊1…本書5頁の表における「偏差値61以上」の旧七帝大・上位国公立大・難関私大・有名私大。共通テスト（センター試験）は約30年分を分析。

＊2…古文の出題がない学部や、同大学における複数学部共通問題の重複分を除いた正味の問題数。問題文として出題されている一つの出典を「1題」として集計。

＊3…文法は、助動詞28語・助詞56語それぞれについて、用いられている意味や用法ごとに出題数を集計（接続や活用が問われている場合はその回数も集計）。語の識別や敬語についても出現数を集計。単語は「語義別」にそれぞれ出現数を集計。

＊4…東進ブックス刊『古文単語FORMULA600』（富井健二著）に収録されている単語。この「重要語」以外の単語は延べ360語のみであった。

❸ レベル①の特徴

【こんな人に最適】

❶ 古典文法を「ゼロ」から「最短距離」でマスターしたい人
❷ 単語・文法をある程度学習し、基礎的な演習を始めたい人
❸ 身につけた文法知識を、入試での得点力につなげたい人

▼レベル①の位置付け

『古文レベル別問題集①〜⑥』の中で最も基礎的[*1]なレベルに位置するのが、この「レベル①文法編」です。「文法」は難関大でも直接問われることがありますし、文法を知らなければ、一つの文も正確に読み取ることはできません。どんな学習においても、一番基礎の部分をしっかり理解しているかどうかが、最終的な成功のカギになります。そういう意味では、このレベル①は、同シリーズにおいて最も重要な、受験生全員が対象となる問題集です。

▼レベル①で身につく力

このレベル①では、大学受験に必要な古典文法をゼロから身につけられるよう、各回最初の「要点整理」で覚えるべき知識とその要点をすべて掲載しています。ただ、知識は覚えただけでは「使える」ようにはなりません。「要点整理」の次にある「問題演習」を通じて文法の「アウトプット」を訓練し、入試問題の中で使える文法力を磨いていきましょう。本書を終えれば、大学受験に必要[*2]な文法知識がすべて身につき、古文を一文一文正確に読み取る力がつくでしょう。

◆補足説明

＊1…「基礎だから簡単、基礎だから低レベル」などと考えてはいけません。基礎が磐石でないと、その上に応用力を積み増してはいけません。そのため、基礎は「最も重要な部分である」と考えることもできます。

＊2…大学受験に「必要」となる基本的な文法知識はすべて本書に掲載しています。よほどの難問・奇問でないかぎり、本書の知識で十分対応できるはずです。稀に出る難問（あまり用例のない希少な文法事項）対策のために、多くの時間を割くのは得策ではありません。本書の知識で解けない問題は、もはや「落としてもよい」問題であると割り切って学習を進めましょう。

【志望校レベルと本書のレベル対応表】

難易度	偏差値	志望校レベル 国公立大（例）	志望校レベル 私立大（例）	本書のレベル（目安）
難	〜67	東京大，京都大	国際基督教大，慶應義塾大，早稲田大	⑥最上級編
↑	66〜63	一橋大，東京外国語大，国際教養大，筑波大，名古屋大，大阪大，北海道大，東北大，神戸大，東京都立大，大阪公立大	上智大，青山学院大，明治大，立教大，中央大，同志社大	⑥最上級編／⑤上級編
	62〜60	お茶の水女子大，横浜国立大，九州大，名古屋市立大，千葉大，京都府立大，奈良女子大，金沢大，信州大，広島大，都留文科大，横浜市立大，防衛大	東京理科大，法政大，学習院大，武蔵大，中京大，立命館大，関西大，成蹊大	⑥最上級編／⑤上級編／④中級編
	59〜57	茨城大，埼玉大，岡山大，熊本大，新潟大，富山大，静岡大，滋賀大，高崎経済大，長野大，山形大，岐阜大，三重大，和歌山大，島根大，香川大，佐賀大，岩手大，群馬大	津田塾大，関西学院大，獨協大，國學院大，成城大，南山大，武蔵野大，京都女子大，駒澤大，専修大，東洋大，日本女子大	⑤上級編／④中級編／③標準編
	56〜55	共通テスト，広島市立大，宇都宮大，山口大，徳島大，愛媛大，高知大，長崎大，福井大，新潟県立大，大分大，鹿児島大，福島大，宮城大，岡山県立大	玉川大，東海大，文教大，立正大，西南学院大，近畿大，東京女子大，日本大，龍谷大，甲南大	④中級編／③標準編／②初級編
	54〜51	弘前大，秋田大，琉球大，長崎県立大，名桜大，青森公立大，石川県立大，秋田県立大，富山県立大	亜細亜大，大妻女子大，大正大，国士舘大，東京経済大，名城大，武庫川女子大，福岡大，杏林大，白鴎大，京都産業大，創価大，帝京大，神戸学院大，城西大	③標準編／②初級編／①文法編
↓	50〜	北見工業大，室蘭工業大，職業能力開発総合大，釧路公立大，公立はこだて未来大，水産大	大東文化大，追手門学院大，関東学院大，桃山学院大，九州産業大，拓殖大，摂南大，沖縄国際大，札幌大，共立女子短大，大妻女子短大	②初級編／①文法編
易	-	一般公立高校（中学レベル）	一般私立高校（中学〜高校入門レベル）	①文法編

※東進主催「共通テスト本番レベル模試」の受験者（志望校合格者）得点データをもとに算出した、主に文系学部（前期）の平均偏差値（目安）です。

●志望校別の使用例

▼**古文は「共通テストだけ」の人**…文法知識があやふやであれば、レベル①〜③を学習し、後は過去問や実戦問題に取り組みましょう。文法はほぼ完璧という人は、②・③だけでも結構です。

▼**第一志望が「明青立法中／関関同立」などの有名私大の人**…古文を基礎から始めて高得点を取りたい人は、①〜⑤までやり切りましょう。基礎が固まっている人は、③〜⑤を学習しましょう。

▼**第一志望が「旧七帝大」などの国公立大の人**…共通テストから記述・論述まで対策するため、レベル③〜⑥をやりましょう。どうしても時間がない人は、③と⑥だけやり、あとは過去問を徹底しましょう。

▼**古文が苦手な人**…必ずレベル①で文法を固め、②で読解法の基礎・基本を固めましょう。

❹ 本書の使い方

本書は、頭から順に読んでいけば、最も効率的に必要な文法知識がすべて身につくように構成されています。各回ごとに、左図❶〜❹の順に読み解いていきましょう。

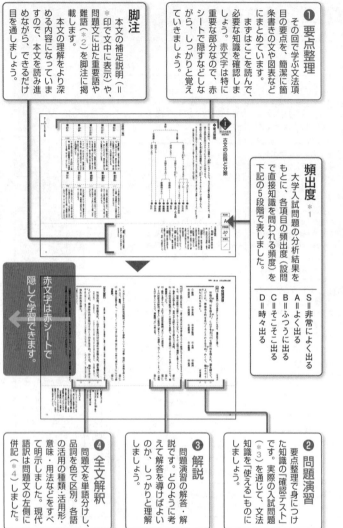

❶ 要点整理

その回で学ぶ文法項目の要点を、簡潔に箇条書きの文や図表などにまとめています。

まずはここを読んで、必要な知識を確認しましょう。赤文字は特に重要な部分なので、赤シートで隠すなどしながら、しっかりと覚えていきましょう。

脚注

本文の補足説明（＝＊印で文中に表示）や、問題文に出た重要語や難語（＊2）を脚注に掲載します。

本文の理解をより深める内容になっていますので、本文を読み進めながら、できるだけ目を通しましょう。

頻出度 ＊1

大学入試問題の分析結果をもとに、各項目の頻出度（設問で直接知識を問われる頻度）を下記の5段階で表しました。

S＝非常によく出る
A＝よく出る
B＝ふつうに出る
C＝そこそこ出る
D＝時々出る

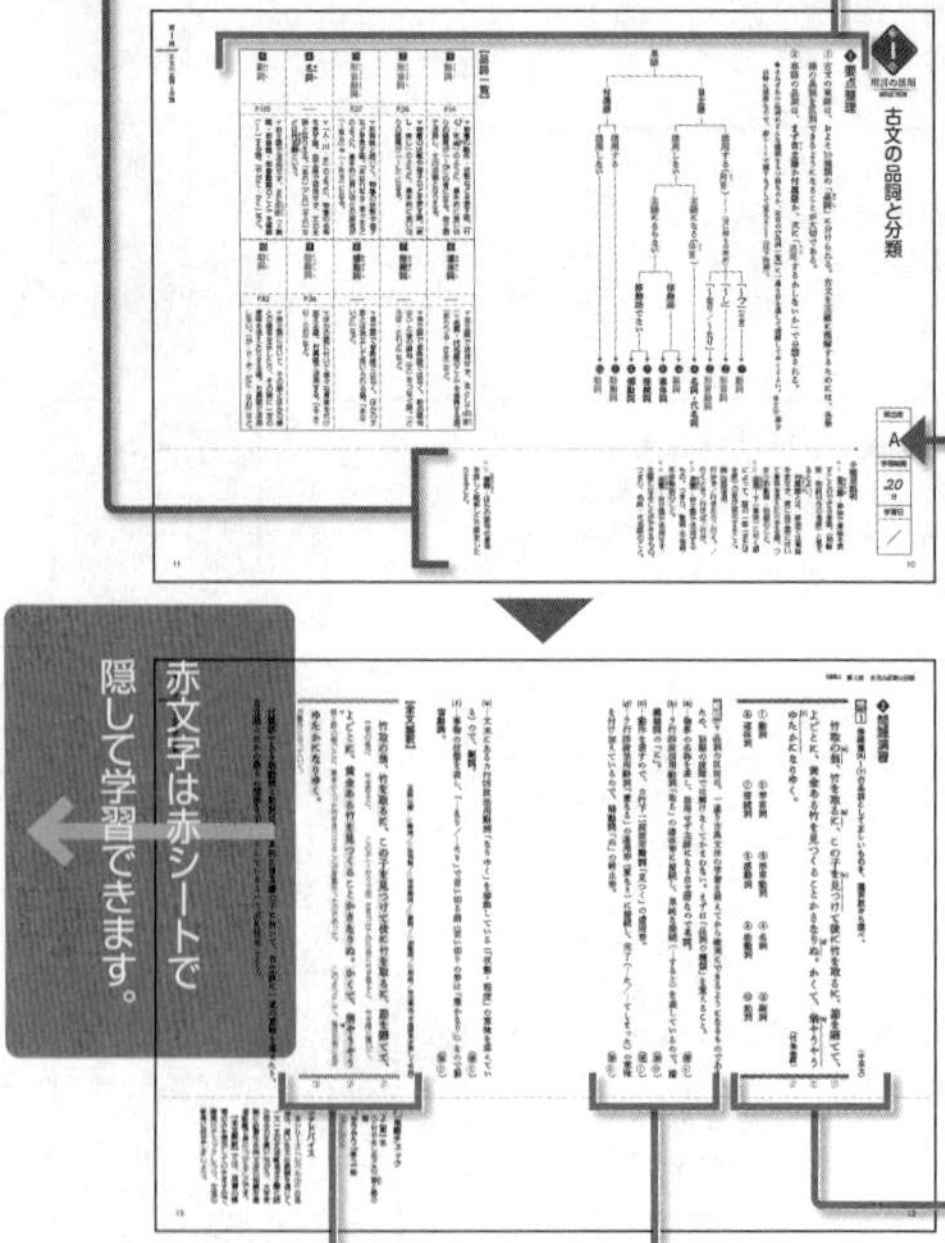

❷ 問題演習

要点整理で身につけた知識の「確認テスト」です。実際の入試問題（＊3）を通じて、文法知識を「使える」ものにしましょう。

❸ 解説

問題演習の解答・解説です。どのように考えて解答を導けばよいのか、しっかりと理解しましょう。

❹ 全文解釈

問題文を単語分けし、品詞を色で区別。各語の活用の種類・活用形・意味・用法などをすべて明示しました。現代語訳は問題文の左側に併記（＊4）しました。

◆補足説明

＊1…設問で直接知識を問われる（＝傍線部や空欄になっている）頻度を基本にはしていますが、直接問われなくても本文には頻繁に出てくる重要度の高いものもありますので、総合的に判断して頻度をつけています。

＊2…単語は星の数が多いほど頻出度が高いという意味です。

★★★＝最頻出　★★＝頻出
★＝標準　★無し＝非頻出
▼印＝重要語
▽印＝難語（重要語ではないが、意味がわかりづらい語）

＊3…問題文は基本的に過去の大学入試問題から引用していますが、都合により一部改変している場合もあります。

＊4…現代語訳は、赤文字で記し、対応する古文とできる限り位置をそろえています。赤シートで隠して、古文の訳を頭の中で考えながら読んでいくという学習方法も有効です。

【全文解釈】で使用する記号・略号

●活用形
未然形→［未］
連用形→［用］
終止形→［終］
連体形→［体］
已然形→［已］
命令形→［命］

●動詞 ＊1
四段活用動詞 →四
上一段活用動詞 →上一
上二段活用動詞 →上二
下一段活用動詞 →下一
下二段活用動詞 →下二
カ行変格活用動詞→カ変
サ行変格活用動詞→サ変
ナ行変格活用動詞→ナ変
ラ行変格活用動詞→ラ変

●形容詞
形容詞ク活用 →ク
形容詞シク活用 →シク

●形容動詞
形容動詞ナリ活用→ナリ
形容動詞タリ活用→タリ

●助動詞の意味
▼2字表示。3字以上の意味は次のように省略。＊2
打消推量→打推
打消意志→打意
不適当 →不適
反実仮想→反実
ためらい→ため
実現不可能な希望→希望
過去推量→過推
過去の原因推量→過因
過去の婉曲→過婉
過去の伝聞→過伝
現在推量→現推
原因推量→原推
打消推量→打推
打消意志→打意
不可能 →不可
打消当然→打当

●助詞
格助詞 →格助
接続助詞→接助
係助詞 →係助
副助詞 →副助
終助詞 →終助
間投助詞→間助

●助詞の用法
▼2〜3字表示。4字以上の用法は次のように省略。
使役の対象→《使対》
動作の共同者→《動共》
方法・手段→《方法》
単純な接続→《単接》
逆接の確定条件→《逆接》
逆接の仮定条件→《仮定》
順接の仮定条件→《仮定》
原因・理由→《原因》
反復・継続→《反復》
打消接続 →《打接》
希望の最小→《希小》
他への願望→《他願》
自己の願望→《自願》
詠嘆願望 →《詠願》

●その他の品詞
名詞・代名詞→無表記 ＊3
副詞 →副
連体詞→連体
接続詞→接続 ＊4
感動詞→感動
連語 →連語
接頭語→接頭
接尾語→接尾

●敬語の種類
尊敬の本動詞 →《尊・本》
尊敬の補助動詞→《尊・補》
謙譲の本動詞 →《謙・本》
謙譲の補助動詞→《謙・補》
丁寧の本動詞 →《丁・本》
丁寧の補助動詞→《丁・補》

●品詞の色分け ＊5
■＝動詞
■＝形容詞
■＝形容動詞
■＝副詞
■＝助動詞
■＝助詞
※その他の品詞は無色

◆補足説明
＊1…基本的に、単語を表すときは「みる【見る】」のように平仮名と【漢字】を併記する。**【 】は漢字表記**の意。
＊2…助動詞は「推量［未］」のように「意味と活用形」を併記する。
＊3…名詞・代名詞の品詞名は無表記としている。
＊4…接続助詞は「接助」、接続詞は「接続」と表記しているので区別に注意。
＊5…動詞・形容詞・形容動詞・副詞・助動詞は「色」で品詞を表しているため、文字では品詞名を表示していない。ただし、**助詞**は複数の種類があるため、文字でも品詞を表示し、**重要な用法**である場合は左側に《 》で用法を表示している。

目次

CHAPTER 1

第1章 用言の活用

◆使えない文法に意味はない

「用言《ようげん》」とは、自立語で活用する語のこと。動詞・形容詞・形容動詞の三つがこれにあてはまります。

古典文法を最速でマスターするためには、まずは古語の品詞の種類を覚え、用言の活用を完璧に覚えることが先決です。その知識をベースとして、助動詞や助詞をおさえる。すると、文法の基礎はほぼ完成します。

本書では、必要な文法知識を「要点整理」でチェックした後に、その知識を実際の入試問題で活用する「問題演習」を行ない、実戦力を高めていきます。せっかく苦労して知識を身につけても、入試問題に通用しなければ意味がありません。文法知識の「アウトプット」をする演習を通じて、読解力の基礎を完璧に磨き上げていきましょう。

第1回 用言の活用
INFLECTION

古文の品詞と分類

頻出度 A
学習時間 20分
学習日 ／

❶要点整理

① 古文の単語は、およそ10種類の「品詞《ひんし》」に分けられる。古文を正確に理解するためには、各単語の品詞を区別できるようになることが大切である。

② 単語の品詞は、まず**自立語**[*1]か**付属語**か、次に「**活用するかしないか**」[*2]で分類される。

❖それぞれの品詞がどんな機能をもつ語なのか、左頁の【品詞一覧】に一通り目を通して理解しておくとよい。赤文字部分は特に重要なので、赤シートで隠すなどして覚えること（以下同様）。

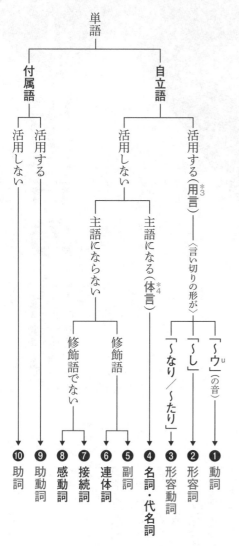

単語
- **自立語**
  - 活用する（**用言**[*3]）―〈言い切りの形が〉
    - 「〜**ウ**」（uの音）→ ❶ **動詞**
    - 「〜**し**」→ ❷ **形容詞**
    - 「〜**なり**／〜**たり**」→ ❸ **形容動詞**
  - 活用しない
    - 主語になる（**体言**[*4]）→ ❹ **名詞・代名詞**
    - 主語にならない
      - 修飾語 → ❺ 副詞、❻ **連体詞**
      - 修飾語でない → ❼ **接続詞**、❽ **感動詞**
- **付属語**
  - 活用する → ❾ **助動詞**
  - 活用しない → ❿ **助詞**

◆補足説明

*1 **自立語《じりつご》**…単独で意味を表すことのできる単語。「助動詞・助詞以外の単語」と覚えるとよい。
付属語《ふぞくご》とは、単独では意味を表せず、常に自立語に付いて意味を添えたりする語。つまり助動詞・助詞のこと。

*2 **活用《かつよう》**…下（直後）に付く語によって、語の一部（または全部）の形が変化すること。
㊟ 四段活用
行**か**ず／行**き**たり／行**く**。／行**く**とき／行**け**ば／行**け**。

*3 **用言《ようげん》**…自立語で活用するもの。つまり、動詞・形容詞・形容動詞のこと。

*4 **体言《たいげん》**…自立語で活用せず、主語になることができるもの。つまり、名詞・代名詞のこと。

【品詞一覧】

番号	品詞	参照	説明
1	動詞《どうし》	P.16	▼物事の動作・状態などを表す語。「行**く**《ku》・死**ぬ**《nu》」のように、基本的に言い切りの語尾が「〜**ウ**《u》」の音になる。自立語で活用し、文の述語となりえる。
2	形容詞《けいようし》	P.26	▼物事の状態や様子などを表す語。「無**し**・美**し**」のように、基本的に言い切りの語尾が「〜**し**」になる。
3	形容動詞《けいようどうし》	P.27	▼形容詞と同じく、物事の状態や様子などを表す語。「あはれ**なり**・堂々**たり**」のように、基本的に言い切りの語尾が「〜**なり**」や「〜**たり**」になる。
4	名詞《めいし》	——	▼「人・川・水」のように、物事の名称を表す語。自立語で活用せず、文の主語となりえる。「あれ」「これ」「それ」などは**代名詞**《だいめいし》という。
5	副詞《ふくし》	P.110	▼自立語で活用せず、主に**用言**《ようげん》（＝**動詞・形容詞・形容動詞**のこと）を**修飾**（＊5）する語。「やがて・かく」など。
6	連体詞《れんたいし》	——	▼自立語で活用せず、主として**体言**《たいげん》（＝**名詞・代名詞**のこと）を修飾する語。「ありつる・さる」など。
7	接続詞《せつぞくし》	——	▼自立語で修飾語ではなく、前の語句（文）と後の語句（文）をつなぐ語。「さらば・されど」など。
8	感動詞《かんどうし》	——	▼自立語で修飾語ではなく、ほかの文節とは独立して用いられる語。「あな・いざ」など。
9	助動詞《じょどうし》	P.36	▼ほかの語に付いて様々な意味を付け加える語。付属語で活用する。「る・き・む・らむ」など。
10	助詞《じょし》	P.82	▼自立語に付いて、その語とほかの語との関係を示したり、その語に一定の意味を添えたりする語。付属語で活用しない。「が・で・ぞ・だに・なむ」など。

＊5 **修飾**《しゅうしょく》…ほかの語句の意味を詳しく説明したり限定したりすること。

❷ 問題演習

問 1　傍線部(a)〜(f)の品詞として正しいものを、後の選択肢から選べ。　（中京大）

竹取の翁(a)、竹を取るに(b)、この子を見つけ(c)て後に竹を取るに、節《ふし》を隔てて、よごとに、黄金ある竹を見つくることかさなりぬ(d)。かくて、翁やうやう(e)ゆたかに(f)なりゆく。

（竹取物語）

① 動詞　② 形容詞　③ 形容動詞　④ 名詞　⑤ 副詞
⑥ 連体詞　⑦ 接続詞　⑧ 感動詞　⑨ 助動詞　⑩ 助詞

解説 ▶品詞の区別は、一通り古典文法の学習を終えてから確実にできるようになるものであるため、初期の段階では解けなくてもかまわない。まずは「品詞の種類」を覚えること。

(a)…物事の名称を表し、活用せず主語になる自立語なので**名詞**。 （答④）

(b)…ラ行四段活用動詞「取る」の連体形に接続し、単純な接続（…すると）を表しているので、**助詞**（接続助詞）の「に」。接続助詞は助詞の一種。 （答⑩）

(c)…動作を表すので、カ行下二段活用**動詞**「見つく」の連用形。 （答①）

(d)…ラ行四段活用動詞「かさなる【重なる】」の連用形（かさなり）に接続し、完了（…た／…てしまった）の意味を付け加えているので、**助動詞**「ぬ」の終止形。 （答⑨）

(e)…文末にあるカ行四段活用動詞「なりゆく」を修飾している（「状態・程度」の意味を添えている）ので、**副詞**。（答⑤）

(f)…事物の状態を表し、「〜なり／〜たり」で言い切る語（言い切りの形は「豊かなり」）なので**形容動詞**。（答③）

【全文解釈】

（品詞分解：動詞／形容詞／形容動詞／副詞／助動詞／助詞／ほかは無色 ※品詞表示無し＝名詞）

竹取の翁、竹を取るに、この子を見つけて後に竹を取るに、節を隔てて、よごとに、黄金ある竹を見つくることかさなりぬ。かくて、翁やうやうゆたかになりゆく。

竹取の翁が、竹を取ると、この子（＝かぐや姫）を見つけてから後に竹を取ると、（竹の）節を隔てて、節と節の間ごとに、黄金の入った竹を見つけることが度重なったのであった。このようにして、翁は次第に生活が豊かになっていく。

付属語である助動詞と助詞は、基本的に**自立語**の下に付いて、自立語に一定の意味を添えたり、自立語とほかの語との関係を示したりしているという点に注目しよう。

単語チェック

□よ【節】名 ①（竹やあしなどの）節《ふし》と節の間

□★★★**やうやう**【漸う】副 ①だんだん

●アドバイス

本シリーズ「レベル①」の目標は、短い古文の読解を通じて、一文一文の文法構造を正確に読み取る力を養いながら、大学受験に必要な古典文法の知識を最短距離で身につけることです。

【全文解釈】では、**既習**の情報のみを表示していきますので、確実にチェックしつつ、文法の修得に役立てましょう。

問2　傍線部(a)〜(h)の品詞として正しいものを、後の選択肢から選べ。

・人々、(a)いと(b)かたはらいたしと思ひて、「(c)あなかま」と聞こゆ。（源氏物語）

・紫のゆかりを見て、続きの見(d)まほしくおぼゆれ(e)ど、人かたらひなども(f)えせず。たれもいまだ都なれぬ(g)ほどにてえ見つけず。(h)いみじく心もとなく、ゆかしくおぼゆるままに、（更級日記）

①動詞　②形容詞　③形容動詞　④名詞　⑤副詞
⑥連体詞　⑦接続詞　⑧感動詞　⑨助動詞　⑩助詞

解説

(a)…形容詞「かたはらいたし」を修飾するので、「大変・非常に」と訳す**副詞**「いと」。（答⑤）

(b)…物事の状態や様子などを表し、言い切りの語尾が「〜し」になっている。ク活用の**形容詞**「かたはらいたし」の終止形。（答②）

(c)…自立語で修飾語ではなく、ほかの文節とは独立して用いられる**感動詞**。（答⑧）

(d)…マ行上一段活用動詞「見る」の未然形（見）に接続し、「希望（…たい／…てほしい）」の意味を添えている。**助動詞**「まほし」の連用形。（答⑨）

(e)…ヤ行下二段活用動詞「おぼゆ」の已然形（おぼゆれ）に接続し、「逆接の確定条件（…だが／…

◆補足説明

＊1…打消語とは、打消（…ない）の意味をもつ「ず・じ・まじ・で・なし」の5語のこと。

＊2…「いみじ」「同じ」「すさまじ」などは、言い切りの形が「〜**じ**」であるが、**シク活用**の形容詞なので注意。なお、「いみじ」の連用形「いみじく」は、「非常に」の意味で副詞的に用いられることが多い。

だけれども）」を表しているので、**助詞**（接続助詞）の「ど」。（答⑩）

(f)…後に打消語[＊1]（ここでは打消の**助動詞**「ず」）を伴って、「…できない」と訳す**副詞**「え」。（答⑤）

(g)…「身分／辺り／様子／程度／頃」など多くの意味をもつ**名詞**。（答④）

(h)…シク[＊2]活用の**形容詞**「いみじ」の連用形。（答②）

【全文解釈】

（品詞分解：■動詞／■形容詞／■形容動詞／■副詞／■助動詞／■助詞／ほかは無色 ※品詞表示無し＝名詞）

・人々、いとかたはらいたしと思ひて、「あなかま」と聞こゆ。
人々は、大変きまりが悪いと思って、「しっ、静かに」と申し上げる。

・紫のゆかりを見て、続きの見まほしくおぼゆれど、人かたらひなどもえ❶せず。たれもいまだ都なれぬほどにてえ❶見つけず。いみじく心もとなく、ゆかしくおぼゆるままに、
紫のゆかり（＝『源氏物語』の紫上についての巻）を見て、続きが見たいと思うけれども、人に頼むこともできない。誰もがまだ京の都に慣れていない頃なので見つけることができない。非常にじれったく、見たいと思われるので、

✔単語チェック

□いと 副 ★★★
①大変・非常に ②たいして・それほど〈↔打消〉

□かたはらいたし【傍ら痛し】形ク ★★★
①きまりが悪い ②気の毒だ

□あなかま 感 ★★★
①しっ、静かに

□ほど【程】名 ★★★
①身分 ②辺り ③様子・程度 ④頃・年齢

□いみじ【忌みじ】形シク ★★★
①非常に ②すばらしい ③恐ろしい

□こころもとなし【心許無し】形ク ★★★
①気がかりだ ②じれったい

□ゆかし【床し】形シク ★★★
①見［聞き／知り］たい ②心がひかれる

✔文法チェック

❶…「え…ず」で「…できない」の意。

第2回
用言の活用
INFLECTION

動詞の活用

頻出度
S
学習時間
30分
学習日
／

❶ 要点整理

①**動詞**とは、物事の動作・状態などを表す語。「行く《ku》・死ぬ《nu》」のように、基本的に言い切り（終止形）の語尾が「〜ウ《u》」の音になる。

②動詞・形容詞・形容動詞・助動詞の四つは、**下**《した》**（直後）**に付く語に応じて形を変えなければならない。この語形変化のことを**活用**《かつよう》という。

③動詞「行く」の場合、「行**か**—行**き**—行**く**—行**く**—行**け**—行**け**」と活用する。活用時に変化しない「行」の部分を**語幹**《ごかん》とよび、変化する「**く**」の部分を**語尾**《ごび》**（活用語尾）**とよぶ。

④古語の活用形[*1]には、**未然**《みぜん》**形**・**連用**《れんよう》**形**・**終止**《しゅうし》**形**・**連体**《れんたい》**形**・**已然**《いぜん》**形**・**命令**《めいれい》**形**の**六つ**がある。

⑤動詞の活用の種類（活用のパターン）には、次の**九つ**がある。

規則変化《きそくへんか》…**四段**《よだん》**活用**・**上一段**《かみいちだん》**活用**・**上二段**《かみにだん》**活用**・**下一段**《しもいちだん》**活用**・**下二段**《しもにだん》**活用**

不規則変化《ふきそくへんか》…**カ行変格**《ぎょうへんかく》**活用**・**サ行変格活用**・**ナ行変格活用**・**ラ行変格活用**[*2]

❖基本的に、古語の活用形（六つ）と活用の種類（九つ）で動詞を分類するので、しっかり覚えておくこと。

⑥活用の種類は9種類あるが、四段・上二段・下二段の動詞が多いだけで、残りの6種類の動詞は少ない（＝18頁の表にある語のみである）ため、すべて暗記しておくこと（☞18頁）。

◆補足説明

＊1 活用形…用言と助動詞が活用して取る6種類の語形。

①**未然形**…下に「**ず**」などが続くときの形。「未然」は、「まだそうなっていない」の意。

②**連用形**…下に助動詞「**たり**」や接続助詞「**て**」、**用言**などが続く（用言に連なる）ときの形。

③**終止形**…下に「。」が付く（文が終わる）言い切りの形。

④**連体形**…下に「**とき**」や「**こと**」などの名詞が続く（体言に連なる）ときの形。

⑤**已然形**…下に接続助詞の「**ども**」・「**ど**」などが続くときの形。「已然」は、「すでにそうなっている」の意。現代語の文法では「仮定形」とされる。

⑥**命令形**…**命令**・**指示**を表して**文末で言い切る**ときの形。

❶動詞の活用の種類

区分	動詞の活用の種類	語（例）	語幹	未然形（〜ず）	連用形（〜たり）	終止形（〜。）	連体形（〜とき）	已然形（〜ども）	命令形（〜。）	活用の名称の考え方
規則変化動詞	四段活用	行く	行	か（a）	き（i）	く（u）	く（u）	け（e）	け（e）	**四つの段**（a・i・u・e）に活用
	上一段活用	着る		き（i）	き（i）	きる（i）	きる（i）	きれ（i）	きよ（i）	**上の一段**（i）に規則的に活用
	上二段活用	起く	起	き（i）	き（i）	く（u）	くる（u）	くれ（u）	きよ（i）	**上の二段**（i・u）に規則的に活用
	下一段活用	蹴る		け（e）	け（e）	ける（e）	ける（e）	けれ（e）	けよ（e）	**下の一段**（e）に規則的に活用
	下二段活用	受く	受	け（e）	け（e）	く（u）	くる（u）	くれ（u）	けよ（e）	**下の二段**（u・e）に規則的に活用
不規則変化動詞	カ行変格活用	来		こ（o）	き（i）	く（u）	くる（u）	くれ（u）	こ／こよ（o）	**カ行**に不規則に活用
	サ行変格活用	す		せ（e）	し（i）	す（u）	する（u）	すれ（u）	せよ（e）	**サ行**に不規則に活用
	ナ行変格活用	死ぬ	死	な（a）	に（i）	ぬ（u）	ぬる（u）	ぬれ（u）	ね（e）	**ナ行**に不規則に活用
	ラ行変格活用	有り	有	ら（a）	り（i）	り（i）	る（u）	れ（e）	れ（e）	**ラ行**に不規則に活用

＊2…「**カ行変格活用**」を略して「**カ変**」ともいう。同様に、「**サ行変格活用**」を「**サ変**」、「**ナ行変格活用**」を「**ナ変**」、「**ラ行変格活用**」を「**ラ変**」という。

❷絶対に覚えなければならない動詞

行	活用の種類	基本形	語幹	未然形	連用形	終止形	連体形	已然形	命令形
ヤ行	上一段活用	射《い》る・鋳《い》る・沃《い》る		い	い	いる	いる	いれ	いよ
マ行		見《み》る		み	み	みる	みる	みれ	みよ
カ行		着《き》る		き	き	きる	きる	きれ	きよ
ワ行		居《ゐ》る・率《ゐ》る		ゐ	ゐ	ゐる	ゐる	ゐれ	ゐよ
ハ行		干《ひ》る		ひ	ひ	ひる	ひる	ひれ	ひよ
ナ行		似《に》る・煮《に》る		に	に	にる	にる	にれ	によ
カ行	下一段活用	蹴《け》る		け	け	ける	ける	けれ	けよ
カ行	変格活用	来《く》		こ	き	く	くる	くれ	こよ こ
サ行	変格活用	す		せ	し	す	する	すれ	せよ
		おはす	おは	せ	し	す	する	すれ	せよ
ナ行	変格活用	死《し》ぬ・往《い》ぬ(去《い》ぬ)	死・往(去)	な	に	ぬ	ぬる	ぬれ	ね
ラ行	変格活用	有《あ》り・居《を》り	有・居	ら	り	り	る	れ	れ
		侍《はべ》り・在《いま》そがり	侍・在そが	ら	り	り	る	れ	れ

※右表のとおり、上一段は10語、下一段とカ変は各1語、サ変とナ変は各2語、ラ変は4語しかない。

●活用を間違えやすい動詞

一部の古語は、現代語とは活用が異なるため、**活用を暗記するしかない。**

▼ヤ行上二段活用

□**おゆ【老ゆ】**
□**くゆ【悔ゆ】**
□**むくゆ【報ゆ】**
[い｜い｜ゆ｜ゆる｜ゆれ｜いよ]

▼下二段活用

□**う【得】**(ア行)
[え｜え｜う｜うる｜うれ｜えよ]
□**ふ【経】**(ハ行)
[へ｜へ｜ふ｜ふる｜ふれ｜へよ]
□**ぬ【寝】**(ナ行)
[ね｜ね｜ぬ｜ぬる｜ぬれ｜ねよ]
※語の全体が変化するので注意

▼ワ行下二段活用(3語のみ)

□**うう【植う】**
□**うう【飢う】**
□**すう【据う】**
[ゑ｜ゑ｜う｜うる｜うれ｜ゑよ]

❸「ず」判別法

① 動詞の活用の種類は、基本的には動詞の下に「ず」[*1]を付けた（＝動詞を「未然形」に活用させた）ときの、動詞の**語尾の音**[*2]で判別できる。

(例)「行く《ku》＋ず」＝「行か《ka》＋ず」→語尾の音が「**～ア** a」になる。

ア 語尾の音が「**～ア** a」→ナ変**動詞**（死ぬ・往ぬ〔去ぬ〕）やラ変**動詞**（4語）でなければ、**四段活用動詞**。

イ 語尾の音が「**～イ** i」→上一段**活用動詞**（10語）でなければ、**上二段活用動詞**。

エ 語尾の音が「**～エ** e」→下一段**活用動詞**（蹴る）やサ変**動詞**（2語）でなければ、**下二段活用動詞**。

オ 語尾の音が「**～オ** o」→カ変**動詞**（来）のみ。

動詞 ～ウ u ＋ず

- ～ア a
  - → ナ行変格活用（死ぬ・往ぬ〔去ぬ〕）
  - → ラ行変格活用（有り・居り・侍り・在そがり）
  - → 四段活用
- ～イ i
  - → 上一段活用（10語）
  - → 上二段活用
- ～エ e
  - → 下一段活用（蹴る）
  - → サ行変格活用（す・おはす）
  - → 下二段活用
- ～オ o
  - → カ行変格活用（来）

◆**補足説明**

*1…打消の助動詞「ず」のこと。

*2…語尾の音がどうなるかは、現代語の文法（口語文法）の感覚で判断すればよい。約8割の動詞は現代語の感覚で判断できる。

❷ 問題演習

問１ 傍線部(a)〜(d)の動詞の活用形として正しいものを、後の選択肢から選べ。（明治大）

これを見て、「あが仏、何事思ひ(a)たまふぞ。おぼすらむこと何事ぞ」と言へば、「思ふこともなし。物なむ心ぼそくおぼゆる(b)」と言へば、〈中略〉なほ、月出づれ(c)ば、出でゐつつなげき思へり。夕やみ※1には、物思はぬ気色《けしき》なり。〈中略〉ささやけど、親をはじめて何とも知ら(d)ず。

（竹取物語）

①未然形　②連用形　③終止形　④連体形　⑤已然形　⑥命令形

解説▶動詞の活用形を調べるときは、まず動詞の下に「**ず**」を付けて**活用の種類**を明確にしてから、活用表を参考に活用形を判断するのが基本。

(a)…「思ひ」の下に「ず」を付けると、「思ひ」＋「ず」＝「思**は**ず」となる。語尾の音が「**〜ア**」になり、またナ変・ラ変の動詞ではないので、**四段**活用動詞だとわかる。四段活用動詞は、思［は―**ひ**―ふ―ふ―へ―へ］と活用するので、この「思ひ」は**連用形**。（答②）

(b)…「おぼゆる」＋「ず」＝「おぼ**え**ず」。語尾の音が「**〜エ**」になる（また、「蹴る」や「す・おはす」ではない）ので、**下二段**活用動詞だとわかる。おぼ［え―え―ゆ―**ゆる**―ゆれ―えよ］と活用するので、**連体形**。＊1（答④）

（注）
※１ 夕やみ…月の出ていないとき。

◆**補足説明**

＊1…下に「。」があるため通常は**終止形**になるが、ここでは、「おぼゆる」の上にある係助詞「なむ」が文末を連体形にする働き（係結び）をもつので、文末の「おぼゆる」は連体形になっている（☞92頁）。

＊2…未然形か已然形に接続する接続助詞「ば」が下に付いていることからも、已然形であると判断ができる（☞86頁）。

(c)…「出づれ」＋「ず」＝「出で《de》ず」となるので、出［で―で―づ―づる―**づれ**―でよ］と活用するダ行下二段活用動詞「出づ」の**已然形**。*2 （答⑤）

(d)…「知ら」＋「ず」＝「知**ら**《ra》ず」となるので、知［**ら**―り―る―る―れ―れ］と活用するラ行四段活用動詞「知る」の**未然形**。（答①）

【全文解釈】

（品詞分解：■動詞／■形容詞／■形容動詞／■副詞／■助動詞／■助詞／※品詞表示無し＝名詞／［　］＝係結び）

1 これを見《マ上一[用]》て、「あが仏、何事思ひ《ハ四[用]》たまふ《ハ四[体]》ぞ。おぼす《サ四[終]》らむこと何事ぞ」と言《ハ四[已]》へば、「思ふ《ハ四[体]》こともなし。物❶［なむ心ぼそくおぼゆる《ヤ下二[体]》］」と言へ《ハ四[已]》ば、〈中略〉なほ、

これを見て、「私の大切な人、何事をお思いになっていらっしゃるのか。お思いになっているのは何事か」と言うと、「何も思うことはない。何か心細く感じているだけ」と言うので、やはり、

3 月出づれ《ダ下二[已]》ば、出で《ダ下二[用]》ゐ《ワ上一[用]》つつなげき《カ四[用]》思へ《ハ四[已]》り。夕やみには、物思は《ハ四[未]》ぬ気色なり。

月が出るといつも、外に出ては嘆いている。月の出ていないときには、物思いをしない様子である。

4 〈中略〉ささやけ《カ四[已]》ど、親をはじめ《マ下二[用]》て何とも知ら《ラ四[未]》ず。

（まわりの者は）ひそひそ話をするけれど、親をはじめ誰もわけがわからない。

単語チェック

□ほとけ【仏】名
①悟りを開いた人 ②大切な人・尊敬する人

★★★
□**なほ**【猶・尚】副
①やはり ②まるで〈→ごとし〉

★★★
□**けしき**【気色】名
①様子・態度 ②機嫌
③兆し

文法チェック

❶…係助詞「なむ」は文末を連体形にする（係結び）。

問2 傍線部(a)〜(e)の品詞説明をせよ。（東海大ほか）

・知らず、生まれ死ぬる(a)人、いづ方より来たり(b)て、（方丈記） 1
・千代経《へ》(c)たる 松にはあれ(d)ど いにしへの 声の寒さは 変はら(e)ざりけり（土佐日記） 2

解説▶動詞（用言）の「品詞説明」は、次の順番で書くのが基本。

①活用の種類＋②品詞＋③「基本形」の＋④活用形

(例) ハ行四段活用（①活用の種類） 動詞（②品詞） 「思ふ」（③基本形）の 連用形（④活用形）

(a)…「死ぬ」は**ナ変動詞**で、死［な｜に｜ぬ｜**ぬる**｜ぬれ｜ね］と活用するため、**連体形**。なお、直後に「人」という体言があることからも**連体形**であると判断できる。
（答 ナ行変格活用動詞「死ぬ」の連体形）

(b)…「来たる」[*1]＋「ず」＝「来た**ら**《ra》ず」。ラ行四段活用動詞で、来た［ら｜**り**｜る｜る｜れ｜れ］と活用するので、**連用形**。
（答 ラ行四段活用動詞「来たる」の連用形）

(c)…「経」は［へ｜**へ**｜ふ｜ふる｜ふれ｜へよ］と活用するハ行下二段活用動詞（☞18頁）。下に助動詞「たり」の連体形（たる）が付くので、**連用形**。[*2]
（答 ハ行下二段活用動詞「経《ふ》」の連用形）

(d)…「**あり**・をり・はべり・いまそがり」は、［ら｜り｜り｜る｜**れ**｜れ］と活用するラ変動詞。下に接続助詞の「ど」があるので、「あれ」は**已然形**。
（答 ラ行変格活用動詞「あり」の已然形）

(e)…「変はる」＋「ず」＝「変は**ら**《ra》ず」。ラ行四段活用動詞で［**ら**｜り｜る｜る｜れ｜れ］と活用するので、**未然形**。
（答 ラ行四段活用動詞「変はる」の未然形）

◆**補足説明**

*1…「来たる」（訳：やって来る）で1語の動詞。「来＋たり（助動詞）」と分けて考えないように注意。

*2…今回の「経」の下に付いている「たる」は、助動詞「たり」の連体形。助動詞「たり」は「連用形接続」であるため、「たり」の上にある動詞は連用形になる（☞36頁）。そのため、「経」は連用形であると判断することができる。

【全文解釈】

（品詞分解：■動詞／■形容詞／■形容動詞／■副詞／■助動詞／■助詞／ほかは無色 ※品詞表示無し＝名詞）

・知ら[ラ四[未]]ず、生まれ[ラ下二[用]]死ぬる[ナ変[体]]人、いづ方より来たり[ラ四[用]]て、 1

私にはわからない、生まれ死んでゆく人は、どこからやって来て、

・千代経[ハ下二[用]]たる松にはあれ[ラ変[已]]ど いにしへの声の寒さは変はら[ラ四[未]]ざりけり 2

千年も経って（生きて）いる松ではあるけれど、昔（から）の寒々とした（松に吹き付ける）風の音は今も変わらないことよ。

問3 傍線部(a)～(d)の品詞説明をせよ。　（國學院大ほか）

僧ども居並みて、或《ある》いは経を読み、或いは物語などし(a)てなむゐ(b)たりける。 1

〈中略〉いかでか心を得(c)ずして、基僧※1が案に落ち(d)て、かくいはれたるこそつたな 2

けれ。　（今昔物語集） 3

(a)…この「し」は、「（物語など）をする」という意味合いなので、**サ行変格活用動詞「す」**だと判別できる。「す」は［せ｜し｜す｜する｜すれ｜せよ］と活用するので、**連用形**。

（答 サ行変格活用動詞「す」の連用形）

(b)…「ゐる」は、**ワ行上一段活用動詞**（18頁）で、［ゐ｜ゐ｜ゐる｜ゐる｜ゐれ｜ゐよ］と活用する。下に助動詞「たり」が付くので、**連用形**。

（答 ワ行上一段活用動詞「ゐる」の連用形）

✔単語チェック

□いにしへ【古】名
①遠く過ぎ去った世
②昔・過去

（注）
※1 基僧（きそう）…本寺に住んでいた僧。

(c)…「得」は、**ア行下二段活用動詞**[*1]（☞18頁）で、「え―え―う―うる―うれ―えよ」と活用する。下に打消の助動詞「ず」が付くので、**未然形**。

（答 ア行下二段活用動詞「得《う》」の未然形）

(d)…「落ち」＋「ず」＝「落ち《chi》ず」。語尾の音が「～イ《i》」で、上一[*2]段活用動詞ではないので、**上二段活用動詞**。落［ち―ち―つ―つる―つれ―ちよ］と活用するが、下に「て」が付くのは**連用形**。

（答 タ行上二段活用動詞「落つ」の連用形）

【全文解釈】

（品詞分解：■動詞／■形容詞／■形容動詞／■副詞／■助動詞／■助詞／ほかは無色　※品詞表示無し＝名詞）

僧ども居並み（マ四［用］）て、或いは経を読み（マ四［用］）、或いは物語などして（サ変［用］）なむゐたり（ワ上一［用］）ける。 1

僧たちがずらっと並んで座って、ある者はお経を読み、ある者は何か話をしていたということだ。

〈中略〉▼いかでか心を得（ア下二［未］）ずして、基僧が案に落ち（タ上二［用］）て、かくいはれ（ハ四［未］）たるこそ▼つたなけれ。 2

どうしてか理解できなくて、基僧が作戦にはまって、このように言われてしまったのは未熟だ。

◆**補足説明**

＊1…「得・経・寝」は**語の全体が変化する下二段活用動詞**。必ず覚えておくこと。

＊2 上一段活用動詞…「射《い》る・鋳《い》る・沃《い》る・見《み》る・着《き》る・居《ゐ》る・率《ゐ》る・干《ひ》る・似《に》る・煮《に》る」の10語。

☑**単語チェック**

□***いかで【如何で】副
①なんとかして〈↓願望〉
②どうして〈↓推量〉

□**つたなし【拙し】形ク
①運が悪い　②未熟だ

問4 傍線部の「植ゑ」と同じワ行で同じ活用の動詞を、後の①～⑥の中から二つ選べ。（立命館大）

「あの木をば自らこそ植ゑ給ひしか」なんど言ひて、ことの葉につけて、ただ父の事を恋しげにこそ宣《のたま》ひけれ。（平家物語）

① 玉を得たり。　② 食に飢うる時、
③ 使ひはいまだ見えず。　④ 水は満々と湛へたり。
⑤ 草の葉、なゆれども、　⑥ 泣沢《なきさは》の社に酒を据う。

解説 ▼ワ行下二段活用動詞は「**植《う》う・飢《う》う・据《す》う**」の3語のみであるため、正解は②と⑥。①はア行下二段活用動詞「得」の連用形。③はヤ行下二段活用動詞「見ゆ」の未然形。④はハ行下二段活用動詞「湛《たた》ふ」の連用形。⑤はヤ行下二段活用動詞「なゆ【萎ゆ】」の已然形。（答 ②・⑥）

【全文解釈】（品詞分解：動詞／形容詞／形容動詞／副詞／助動詞／助詞／ほかは無色 ※品詞表示無し＝名詞）

「あの木をば自らこそ植ゑ給ひしか」なんど言ひて、ことの葉につけて、ただ父の事を恋しげにこそ宣ひけれ。

「あの木は（父の大納言が）自らお植えになったのであった」などと言って、▽言葉にする（話す）につけても、ただ父のことを恋しそうにおっしゃったのであった。

❖選択肢の訳

① 玉を手に入れた。
② 食べ物に飢えたとき、
③ 使いの者はまだ現れない。
④ 水はいっぱいに湛えてある。
⑤ 草の葉が、萎えているが、
⑥ 泣沢の神社に酒を置いておく。

✔単語チェック

□ことのは【言の葉】名
①歌・和歌 ②言葉

第3回　用言の活用
INFLECTION

形容詞・形容動詞の活用

頻出度　A
学習時間　25分
学習日　／

1 要点整理

❶形容詞

① **形容詞**とは、**物事の状態・様子**などを表し、言い切りの形（終止形）が「～し」となる語。
㈲ 面白し（風情がある）／美し（かわいい）／あさまし（驚きあきれたことだ）

② 形容詞の活用の種類は**ク活用**と**シク活用**の2種類のみ。

③ 形容詞の直後に「なる」を付けたとき、形容詞の語尾が「～く」となれば**ク活用**、「～しく」となれば**シク活用**であると判別できる。*1

基本形	語幹	未然形	連用形	終止形	連体形	已然形	命令形	活用名
面白《おもしろ》し	面白	（く）	く	し	き	けれ		ク活用
		から	かり		かる		かれ	（カリ活用）*2
美《うつく》し	美	（しく）	しく	し	しき	しけれ		シク活用
		しから	しかり		しかる		しかれ	（カリ活用）

※未然形の「（く）・（しく）」は、あまり用例がないので、意識しなくてよい。

◆補足説明

*1…「**いみじ**」や「**すさまじ**」は「～**じ**」で言い切る形容詞であり、下に「なる」と付けると「～**じく**（なる）」となるが、「**ジク活用**」ではなく「シク活用」に分類される。

*2 **カリ活用**…下に**助動詞**が付くときに使われる形。形容詞の「ク活用」にラ変動詞「あり」が付いてできたとされる。
㈲「～く《ku》＋あ《a》り」→「～か《ka》り」

終止形と已然形は用法がないため活用表では空欄になっている。ただし、「**多し**」だけ例外で、「**多かり**。（終止形）」や「**多かれ**ど、（已然形）」のように用いられることがある。

❷形容動詞

① **形容動詞**とは、形容詞と同様に**物事の状態・様子**などを表し、言い切りの形（終止形）が「〜なり」や「〜たり」となる語。

例 まめなり（誠実だ）／あだなり（はかない）／堂々たり（堂々としている）

② 形容動詞の活用の種類は2種類に分けられ、「〜なり」で言い切るものは**ナリ活用**、「〜たり」で言い切るものは**タリ活用**＊3を取る。

基本形	語幹	未然形	連用形	終止形	連体形	已然形	命令形	活用名
まめなり	**まめ**	なら	なり・に＊4	なり	なる	なれ	なれ	**ナリ活用**
堂々たり	**堂々**	たら	たり・と	たり	たる	たれ	たれ	**タリ活用**

③ 形容動詞は区別がつきにくいが、次の条件があてはまれば、ほぼ形容動詞だと判断できる。

◎「物事の状態・様子＋なり」という形である。

◎「〜なり」の「〜」の部分に「**か・ら・げ**」のどれか一字がある。

例 静**か**なり・清**ら**なり・清**げ**なり・おろ**か**なり・いたづ**ら**なり・なめ**げ**なり

◎「〜なり」の上に「**非常に**（いと）」を付けても不自然でない。

例 **非常に**静かなり　**非常に**まめなり

＊3…タリ活用の形容動詞は、「堂々たり・平然たり・茫然《ぼうぜん》たり」のように、ほとんどの語幹が漢語になっている。軍記物語に見られる。

＊4…連用形は「**なり**」と「**に**」があるが、「**なり**」は**助動詞**が下に付くときに用いられ、「**に**」は**助動詞以外**が下に付くときに用いられる。タリ活用の連用形「**たり**」と「**と**」も同様。

❸ 用言の音便

① 発音の便宜上（発音がしやすいように）、**用言**（動詞・形容詞・形容動詞）の語尾が「い・う・ん・つ」のどれかに変わることを**音便**《おんびん》という。

② 語尾が「い」に変わるものを**イ音便**、語尾が「う」に変わるものを**ウ音便**、語尾が「ん」に変わるものを**撥**《はつ》**音便**、語尾が「つ」に変わるものを**促**《そく》**音便**という。

③ 左の図のように、用言の**連用形**か**連体形**の下に「**て・たり・めり・なり・体言**」が付くとき、音便が生じることが多い。

用言の 連用形 連体形 の語尾

- **て** …接続助詞（☞86頁）
- **たり**…完了の助動詞（☞49頁）
- **めり**…推定の助動詞（☞70頁）
- **なり**…推定の助動詞（☞70頁）
- **体言**

→ この形のときに音便が発生することが多い

- 「い」に変わる＝**イ音便**　例 書**き**て（連用形）→書いて　急**ぎ**て（連用形）→急いで　よ**き**馬（連体形）→よい馬
- 「う」に変わる＝**ウ音便**　例 思**ひ**て（連用形）→思うて　美し**く**て（連用形）→美しうて
- 「ん」に変わる＝**撥音便**　例 飛**び**て（連用形）→飛んで　多か**る**めり（連体形）→多かんめり→多かめり　＊1（「ん」の省略）
- 「つ」に変わる＝**促音便**　例 立**ち**て（連用形）→立つて　戦**ひ**たり（連用形）→戦つたり　＊2

◆**補足説明**

＊1…撥音便化した「**ん**」は表記されない（省略される）ことが多い。ただし、読むときは省略せずに「**ン**」を入れて読む。

例 多か**ん**めり
↓ 多かめり
（読み：オオカ**ン**メリ）

あはれな**ん**めり
↓ あはれなめり
（読み：アワレナ**ン**メリ）

＊2…促音（小さい「っ」のこと）は古文の文章中では大文字の「つ」と表記される。ただし、読み方は小さい「ッ」で読む。

例 立つて（読み：タッテ）

❷問題演習

問 1 傍線部(a)・(b)の活用形を答えよ。（甲南女子大・京都産業大）

・見るにいと(a)かなしくて走り出でて、（大和物語） 1

・(b)ほのかにも御声をだに聞かぬこと、（源氏物語） 2

解説▼ **物事の状態・様子**などを表し、言い切りの形の語尾が「〜し」や「〜なり／〜たり」となる語は、形容詞・形容動詞だと判断できる。

(a)…「かなしく」＋「なる」＝「かな**しく**（なる）」となるので、**シク活用**の形容詞。下に助詞「て」が付き、「〜しく」の形になっているので、**連用形**。直後に接続助詞の「て」が付くと連用形になることが多い。 答 **連用形**

(b)…「ほのかに」は、「物事の状態・様子＋なり（→連用形「に」）」という形であると判断できるので、形容動詞「ほのかなり」の連用形。 答 **連用形**

【全文解釈】（品詞分解：動詞／形容詞／形容動詞／副詞／助動詞／助詞／ほかは無色 ※品詞表示無し＝名詞）

・見る《マ上一[体]》にいとかなしく《シク[用]》て走り出で《ダ下二[用]》て、

（男は女を）見ると非常に愛しく思い走り出して、 1

・ほのかに《ナリ[用]》も御声をだに聞か《カ四[未]》ぬこと、

かすかなお声さえも聞かないことよ、 2

✔単語チェック

□ **いと** 副
①大変・非常に
②たいして・それほど〈↔打消〉

□ **かなし【愛し・悲し】** 形シク
①かわいい・愛しい
②悲しい・かわいそうだ

□ **ほのかなり【仄かなり】** 形動ナリ
①かすかだ・ぼんやり

問2 傍線部(a)〜(c)の活用の種類と活用形をそれぞれ答えよ。（日本大）

同じ帝《みかど》、狩いと(a)かしこく好み給ひけり。陸奥の国、磐手《いはて》の郡《こほり》より奉れる御鷹《おたか》、世に(b)なくかしこかりければ、(c)になうおぼして御手鷹《みてだか》にし給ひけり。

（大和物語）

解説

(a)…「かしこく（なる）」なので**ク活用**の形容詞。「〜く」の形は**連用形**。 （答 ク活用・連用形）

(b)…(a)と同じく**ク活用**。「〜かり」も**連用形**で、下に助動詞が付く形。 （答 ク活用・連用形）

(c)…「になし【二無し】」という**ク活用**の形容詞。**連用形**「になく」が*1ウ音便化し、「になう」となったもの。 （答 ク活用・連用形）

【全文解釈】 （品詞分解：■動詞／■形容詞／■形容動詞／■副詞／■助動詞／■助詞／ほかは無色 ※品詞表示無し＝名詞）

同じ〔シク[終]〕帝、狩いとかしこく〔ク[用]〕好み〔マ四[用]〕給ひ〔ハ四[用]〕けり。陸奥の国、磐手の郡より奉れ〔ラ四[已]〕る

同じ帝が、狩を大変並々でなく好みなさったのであった。陸奥の国の、磐手の郡から献上された

御鷹、世になく〔ク[用]〕かしこかり〔ク[用]〕ければ、になう〔ク[用]（ウ音便）〕おぼし〔サ四[用]〕て御手鷹にし〔サ変[用]〕給ひ〔ハ四[用]〕けり。

帝の鷹は、ほかに類のないほどすぐれていたので、（帝は）この上なくお思いになってご愛用の鷹にしていらっしゃった。

◆補足説明

＊1…形容詞の連用形「〜く」が、用言や接続助詞「て・して」に続くとき、「〜う」に変わる現象。

例 美しくて → 美しうて

☑単語チェック

★★★ □**かしこし**【畏し・賢し】形ク
①すぐれている ②恐れ多い ③並々でなく・甚だしく

★★ □**になし**【二無し】形ク
①この上ない

問3 次の傍線部(a)〜(e)について、(Ⅰ)活用の種類を㋐〜㋓の中から、(Ⅱ)活用形を①〜⑥の中からそれぞれ選べ。

（日本女子大ほか）

刑部卿敦兼《ぎやうぶきやうあつかね》は、見目のよに(a)憎さげなる人なりけり。その北の方は、(b)はなやかなる人なりけるが、五節《ごせち》を見侍りけるに、(c)とりどりにはなやかなる人々のあるを見るにつけても、まづ我がをとこのわろさ(d)心憂くおぼえけり。家に帰りて、すべて物をだにも言はず、目をも見あはせず、うちそばむきてあれば、しばしは何事の出で来たるぞやと、心も得ず思ひゐたるに、次第にいとひまさりて、(e)かたはらいたきほどなり。先々のやうに一所にもゐず、方を変へて住み侍りけり。

（古今著聞集）

(Ⅰ) ㋐ク活用　㋑シク活用　㋒ナリ活用　㋓タリ活用

(Ⅱ) ①未然形　②連用形　③終止形　④連体形　⑤已然形　⑥命令形

解説 ▼まずは品詞が何かを判断し、形容詞なら下に「なる」を付け、活用の種類を特定する。活用の種類がわかれば、後は活用表や下に付く語から活用形が決まる。

(a)…「憎さげなる」は、「物事の状態・様子＋なり（→連体形「なる」）」という形であると判断できるので、**ナリ活用**の形容動詞「憎さげなり」の**連体形**。ちなみに、「なり」の上に「**か・ら・げ**」のどれか一字があれば、形容動詞である可能性が高い。（答ウ・④）

(b)…「はなやかなる」は、「物事の状態・様子＋なり（→連体形「なる」）」という形であると判断できるので、**ナリ活用**の形容動詞「はなやかなり」の**連体形**。（答ウ・④）

(c)…「とりどりに」は、「色々だ・様々だ」という意味の、**ナリ活用**の形容動詞。形容動詞で語尾が「〜に」となるのは**連用形**のみ。このように、単語として覚えておかないと判別しづらい形容詞・形容動詞はおさえておくこと。（答ウ・②）

(d)…「心憂く」は、物事の状態・様子を表し、語尾に「なる」を付けると「心憂**く**（なる）」となるので、**ク活用**の形容詞。心憂［（く）―く―し―き―けれ―○］と活用し、下には用言「おぼえ」が続くので、**連用形**。（答ア・②）

(e)…「かたはらいたき」は、物事の状態・様子を表し、語尾に「なる」を付けると「かたはらいた**く**（なる）」となるので、**ク活用**の形容詞。かたはらいた［（く）―く―し―**き**―けれ―○］と活用し、下には体言「ほど」が続くので、**連体形**。（答ア・④）

【全文解釈】

（品詞分解：■動詞／■形容詞／■形容動詞／■副詞／■助動詞／■助詞／ほかは無色 ※品詞表示無し＝名詞）

1 刑部卿敦兼は、見目のよに憎さげなる(ナリ[体])人なりけり。その北の方は、はなやかなる(ナリ[体])

刑部卿の敦兼は、容貌が非常に醜い人であった。（それに対して）その奥方は、華

2 人なりけるが、五節を見(マ上一[用])侍り(ラ変[用])けるに、とりどりに(ナリ[用])はなやかなる(ナリ[体])

麗な人であったのだが、五節（の行事）を見物しましたところ、色々と華麗な

3 人々のある(ラ変[体])を見る(マ上一[体])につけ(カ下二[用])ても、まづ我がをとこのわろさ心憂く(ク[用])おぼえ(ヤ下二[用])けり。

殿上人たちがいるのを見るにつけても、実に自らの夫（男）の容貌の醜さにつらくなったのであった。

4 家に帰り(ラ四[用])て、すべて物をだにも言は(ハ四[未])ず、目をも見(マ上一[用])あはせ(サ下二[未])ず、うちそばむき(カ四[用])

（奥方は）家に帰って、（夫と）少しも全く口さえもきかず、目も見合わせず、横（そっぽ）を向いて

5 てあれ(ラ変[已])ば、しばしは何事の出で来(カ変[用])たるぞやと、心も得(ア下二[未])ず思ひ(ハ四[用])ゐ(ワ上一[用])たるに、

いたので、（夫の敦兼は）最初は何が起こったのかと、納得できずにいたが、

6 次第にいとひ(ハ四[用])まさり(ラ四[用])て、かたはらいたき(ク[体])ほどなり。先々のやうに一所にも

（奥方は）だんだん嫌悪感がつのって、（側で見ても）いたたまれないほどであった。以前のように同居も

7 ゐ(ワ上一[未])ず、方を変へ(ハ下二[用])て住み(マ四[用])侍り(ラ変[用])けり。

せず、場所（部屋）を変えて暮らしていました。

☑単語チェック

- □★★★ **よに**【世に】副 ①決して・全然〈↓打消〉 ②大変・非常に
- □ **にくさげなり**【憎さげなり】形動ナリ ①醜い・憎らしい
- □ **はなやかなり**【華やかなり】形動ナリ ①華麗だ・明るく美しい
- □ **とりどりなり**【取り取りなり】形動ナリ ①色々だ・様々だ
- □★★★ **こころうし**【心憂し】形ク ①つらい ②嫌だ
- □ **そばむく**【側向く】動カ四 ①横を向く
- □★★ **いとふ**【厭ふ】動ハ四 ①出家する・世俗を避ける ②嫌う
- □★★★ **かたはらいたし**【傍ら痛し】形ク ①きまりが悪い ②気の毒だ ③いたたまれない
- □★★ **かた**【方】名 ①場所 ②方法 ③方向

COLUMN 名歌の中の重要文法①

僧正遍昭 ～「なり」「ぬ」の識別・副助詞「だに」～

皆人は　花の衣に　なりぬなり　苔《こけ》の袂《たもと》よ　乾きだにせよ

（『古今和歌集』・哀傷・八四七・僧正遍昭）

【訳】（僧になった私以外の）人々は皆、喪《も》が明けて、はなやかな色の衣になってしまったようだ。（涙に濡れた）苔の（ような私の）袂よ、せめて乾いてはくれないか。

お仕えしていた深草の帝の一周忌が済み、喪が明けて、普段の着物に着替えた人たちの様子を見て、自分は僧衣のままで泣き暮らしているのにと詠んだ歌です。この歌は六歌仙※の一人である僧正遍昭《そうじょうへんじょう》の歌。出家前の名を良岑宗貞《よしみねのむねさだ》と言いました。愛する帝が亡くなるやいなや出家した人物です。遍昭の袖の内には、最愛の主君を失ったやるせない思いもしみこんでいるように思われます。

「なりぬなり」の最初の「なり」は、「～に・～と・～く」のような平仮名の下に続くので、ラ行四段活用動詞「なる【成る】」の連用形。「ぬ」は完了の助動詞「ぬ」の終止形です。その後の「なり」は終止形に接続しているので、伝聞・推定の助動詞「なり」の終止形であるととらえましょう。全体で「なってしまったようだ」のように訳します。五句目の「だに」は、「せよ」というサ変動詞「す」の命令形が続いていることにより、「希望の最小（せめて…だけでも）」の用法となります。このような文法は、この後しっかりやっていきますからね。

※六歌仙…在原業平・小野小町・僧正遍昭・文屋康秀・喜撰法師・大友黒主の6人の歌の名人の総称。

第2章

助動詞

◆助動詞のマスターが最大の山場だ

「助動詞」と「助詞」は「付属語」です。単独では意味を表せず、自立語の下に付いて、一定の意味を付け加える語なのです。助動詞は「動詞を助ける詞《ことば》」の文字どおり、基本的には動詞の下に付いて、「…できる（可能）／…させる（使役）／…だろう（推量）」などの意味を補助的に付け加えます。動詞の下だけでなく、形容詞・形容動詞、ほかの助動詞の下に付くこともあるので注意しましょう。

本書の前見返しにある「助動詞活用表」のとおり、助動詞は全部で28語あります。各語の「接続・活用・意味」をすべて覚えてください。理論・音読・語呂合わせ、あらゆる方法を駆使して、とにかく完璧に覚えましょう。この助動詞の完全マスターが、古典文法における最大の山場の一つです。

第4回 助動詞 AUXILIARY VERB

助動詞の接続

1 要点整理

① 助動詞とは、動詞・形容詞・形容動詞・ほかの助動詞の**下**に付いて、「尊敬・過去・完了・推量・打消」などの意味を加える語である。助動詞は全部で28語ある。

② 助動詞の「**接続**《せつぞく》」とは、助動詞がどの活用形の**下**（**直後**）に付くのか（＝**上**の語を何形に変化させるのか）ということである。*1

例 助動詞「**る**」は上の語を**未然形**にする →**未然形**接続
助動詞「**けり**」は上の語を**連用形**にする →**連用形**接続

③ 助動詞自体も**下**（**直後**）に付く語に応じて**活用***2する。

※助動詞自体もほかの助動詞と接続し、「助動詞＋助動詞」といった形になることも多い。

【助動詞の接続】

◎**未然形** ⬆ **る・らる・す・さす・しむ・む・むず・じ・ず・まし・まほし**
◎**連用形** ⬆ **き・けり・つ・ぬ・たり・たし・けむ**
◎**終止形**／**ラ変連体形***3 ⬆ **らむ・らし・まじ・べし・めり・なり**
◎**連体形**／**体言** ⬆ **なり**（断定）・**ごとし**
◎**体言** ⬆ **たり**（断定）
◎**サ変未然形**／**四段已然形** ⬆ **り**

頻出度
A
学習時間
15分
学習日
／

◆補足説明

＊1…日本語は**下に接続した語が、上の語の形を変える**（活用させる）性質をもっている。

＊2…助動詞の活用の仕方は用言とほとんど同じなので、用言の活用の種類をベースに何度も音読を重ねて覚えること。

＊3…通常は終止形に接続するが、「**ラ変型に活用する語**」の場合はその**連体形**に接続する。

●**ラ変型に活用する語**

① **ラ変動詞**（**あり**・をり・はべり・いまそがり）
② **形容詞**（**カリ活用**）・**形容動詞**
③ ラ変型・形容詞型（カリ活用）・形容動詞型に活用する**助動詞**（けり・たり・り・めり・なり・たし・まほし・ごとし・まじ・べし）

※②・③は、もともとはラ変動詞「**あり**」が付いてできた語であるため。

2 問題演習

問1 傍線部(a)・(b)の活用形を答えよ。（中京大）

をとこ、まことにむつましきことこそ(a)なかりけれ、「いまは」とゆくを、いとあはれと(b)思ひけれど、（伊勢物語）

解説

(a)…「なかり」は、な［（く）・から｜く・**かり**｜し｜き・かる｜けれ｜かれ］と活用する**ク活用**の形容詞。下には**連用形**接続の過去の助動詞「けり」（の已然形「けれ」）＊4があるので、「なかり」は**連用形**となる。（答 連用形）

(b)…「思ひ」は、思［は｜**ひ**｜ふ｜ふ｜へ｜へ］と活用するハ行四段活用動詞。下の「けれ」は(a)と同様に**連用形**接続の助動詞なので、「思ひ」は**連用形**。（答 連用形）

【全文解釈】（品詞分解：■動詞／■形容詞／■形容動詞／■副詞／■助動詞／■助詞／ほかは無色 ※品詞表示無し＝名詞）

をとこ、まことにむつましき（シク［体］）ことこそなかり（ク［用］）けれ、「いまは」とゆく（四［体］）を、

男は、（妻と）本当に親しいということはなかったが、（妻が）「今は（お別れです）」と

いとあはれ（ナリ［終］）と思ひ（四［用］）けれど、

言って去るのを、大変気の毒に思ったけれども、

＊4…係助詞「**ぞ・なむ・や・か**」は、文末を**連体形**に変化させる。係助詞「**こそ**」は、文末を**已然形**に変化させる。これを「**係結び**」という。

単語チェック

★★ **むつまし【睦まし】** 形シク
①親しい

ゆく【行く】 動カ四
①歩いて行く ②去る・立ち去る

★★★ **あは《わ》れなり** 形動ナリ
①しみじみと…だ ②気の毒だ ③趣深い

※基本的に、形容動詞は「名詞＋断定の助動詞『なり』」が一語化したものであるが、詠嘆的・感動的なニュアンスがある場合、語尾の「なり」が省略されることがある。語尾の「なり」が省略されても、品詞は形容動詞である。

問2 傍線部(a)・(b)は動詞である。それぞれ文法説明をせよ。（名城大）

限りなくかなしと思ひて、河内《かはち》へもいか(a)ずなり(b)にけり。（伊勢物語）

[1]

解説▼「文法説明」と「品詞説明」の答え方は同じ。動詞の「文法説明／品詞説明」は、基本的に「①活用の種類＋②品詞＋③「基本形」の＋④活用形」の順番で書く。ちなみに、助動詞の場合は、「①活用の種類」の代わりに助動詞の「①意味」を書く。

(a)…「いか」＋「ず」＝「い**か**《ka》（ず）」。カ行**四段活用動詞**で、い［**か**―き―く―く―け―け］と活用する。下の「ず」は**未然形**接続の助動詞。基本的に、動詞の活用形は、下に接続する助動詞から見分けられる。

（答 カ行四段活用動詞「いく」の未然形）

(b)…「なり」＋「ず」＝「な**ら**《ra》（ず）」となるので、「なり」はラ行**四段活用動詞**。下の「に」は**連用形**接続の助動詞「ぬ」の連用形。*1

（答 ラ行四段活用動詞「なる」の連用形）

【全文解釈】

限りなく（ク[用]）かなし（シク[終]）と思ひ（四[用]）て、河内へもいか（四[未]）ずなり（四[用]）にけり。

▽（男はもとの女のことが）この上なく愛しいと思うようになって、河内（＝新しい女のもと）に行かなくなってしまったのであった。

（品詞分解：動詞／形容詞／形容動詞／副詞／助動詞／助詞／ほかは無色　※品詞表示無し＝名詞）

[1]

◆**補足説明**

＊1…下に連用形接続の助動詞「けり」が付いているため、この助動詞「ぬ」も連用形（に）になっている。

✔**単語チェック**

□かぎりなし【限り無し】形ク
①はてしない
②この上ない

□★★★**かなし**【愛し・悲し】形シク
①かわいい・愛しい
②悲しい・かわいそうだ

問3 傍線部の「経」の読みを書きなさい。 （大谷女子大）

なほ世に経まじきここちしければ、夜みそかにいでて、猿沢《さるさわ》の池に身を投げてけり。 （大和物語）

解説▶「経《ふ》」は、［へ｜へ｜ふ｜ふる｜ふれ｜へよ］と活用するハ行下二段活用動詞（☞18頁）。下に付く「まじき」は、助動詞「まじ」の連体形で、ふつうは**終止形**（ただし、ラ変型に活用する語＊2の場合は**連体形**）に接続する。よって、「経」は**終止形**で、「ふ」と読む。 （答 ふ）

【全文解釈】（品詞分解：動詞／形容詞／形容動詞／副詞／助動詞／助詞／ほかは無色 ※品詞表示無し＝名詞）

なほ世に経［下二終］まじきここちしけれ［サ変用］ば、夜みそかに［ナリ用］いで［下二用］て、猿沢の池に身を投げ［下二用］てけり。

やはりこの世に生きていくことができそうもないように思われたので、こっそりと夜に外に出て、猿沢の池に身を投げてしまったのであった。

＊2…ラ変型に活用する語
①**ラ変動詞**
②**形容詞（カリ活用）・形容動詞**
③ラ変型・形容詞型（カリ活用）・形容動詞型に活用する**助動詞**

単語チェック

☐みそかなり【密かなり】形動ナリ
①内緒である ②こっそり

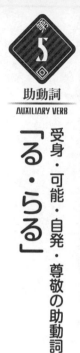

「る・らる」受身・可能・自発・尊敬の助動詞

頻出度	学習時間	学習日
C	10分	／

1 要点整理

接続		基本形	未然形	連用形	終止形	連体形	已然形	命令形	活用の種類
未然形	〜ア	る	れ	れ	る	るる	るれ	れよ	下二段
	〜イ 〜エ 〜オ	らる	られ	られ	らる	らるる	らるれ	られよ	

助動詞	意味	訳し方	備考
る らる	① 受身《うけみ》	…れる・…られる	ほかから動作を受けるという意味。 例「襲は**るる**」→「襲わ**れる**」
	② 可能《かのう》	…できる	可能性を表し、「〜することができる」という意味。 例「住ま**る**」→「住むことが**できる**」
	③ 自発《じはつ》	(自然と)…られる	動作がほかからの作用に関係なく、自然に起こるという意味。 例「思ひや**らるる**」→「**(自然と)**思い出さ**れる**」
	④ 尊敬《そんけい》	お…になる・…なさる	聞き手や話題の主、その動作・状態などを高める表現。 例「申さ**る**」→「申し上げ**なさる**」

※助動詞「る」と「らる」は全く同じ意味をもつが、次のように接続だけが異なる。
「る」……四段・ナ変・ラ変動詞の未然形(〜ア《a》の音)に接続する。
「らる」…その他の動詞の未然形(〜イ《i》・エ《e》・オ《o》の音)に接続する。

助動詞は基本的に、「接続」・「活用」・「意味」をすべて覚える必要がある。表の赤字部分を中心に、**意味判別法**(☞41頁)も活用して覚えていこう(以下同様)。

◉意味の出題割合

「る・らる」

「可能」は少ないが、ほか三つの意味はほぼ均等に出題されている。意味の判別法を覚えておくとよい。

❷問題演習

問1 **傍線部(a)~(d)にある助動詞「る・らる」の文法上の意味を漢字で答えよ。**（東海大・亜細亜大ほか）

1 ・歌どもの本《もと》を仰せられ(a)て、「これが末はいかに」と問はせ給へば、（枕草子）

2 ・例の心なしの、かかるわざをして嘖《さいな》まるる(b)こそ、いと心づきなけれ。（源氏物語）

3 ・老い衰へたる人だに、今は限りと思ひはてられ(c)て、（源氏物語）

4 ・御胸のみ、つとふたがりて、つゆまどろまれ(d)ず、明かしかねさせ給ふ。（源氏物語）

解説 脚注にある「**意味判別法**（➡❶~❹）」を参考にしながら、助動詞の意味を瞬時に判別できるようになると、読解に強くなる。

(a)…助動詞「る・らる」の上の用言が**敬語**《けいご》である場合、「る・らる」の意味は**尊敬**である場合が多い（➡❷）。「仰せ」は「おっしゃる」と訳す尊敬語。（答 尊敬）

(b)…「る・らる」の上の用言に、「**~に**」という**動作を及ぼす人物**が存在する場合、「る・らる」の意味は**受身**である場合が多い（➡❹）。傍線部「るる」の上の「嘖《さいな》ま」は、（人を）叱《しか》るという意味の動詞であり、その動作を及ぼす人物が存在することがわかる。このように、**「~に」は省略されていることも多い**ので注意。（答 受身）

(c)…上の用言が「**見る・聞く・思ふ**」などの**知覚**《ちかく》**を表す語**である場合、「る・らる」の意味は**自発**

意味判別法（る・らる）

❶「る・らる」+**打消語**（ず・じ・まじ・で・なしなど）➡可能
例 寝られ**ず**（寝られ**ない**）

❷ **敬語**+「る・らる」➡尊敬
例 **仰せ**らる（おっしゃる）
※文の主語が「**高貴な人物**」
➡ほぼ尊敬
※「…れ**たまふ**／…られ**たまふ**」
➡ほぼ受身（×尊敬）
※「…れよ／…られよ」（命令形）
➡ほぼ尊敬（×自発・可能）

❸ **知覚を表す動詞**（見る・聞く・思ふなど）+「る・らる」➡自発
例 **思は**る（自然と思われる）

❹「**~に**」+「る・らる」➡受身
※「~に」が省略される場合もあるので注意。

が多い（⬇❸）。「られ」の上の「思ひはて」は知覚（心情）を表す動詞。（答 自発）

(d)…下に**打消**の助動詞「ず」（＝未然形接続）があるため、傍線部の「れ」は助動詞「る」の未然形。下に打消語を伴った「…れず／…られず」の「れ／られ」は**可能**の意味で、「…できない」と訳す場合が多い（⬇❶）。（答 **可能**）

【全文解釈】

（品詞分解：■動詞／■形容詞／■形容動詞／■副詞／■助動詞／■助詞／ほかは無色　※品詞表示無し＝名詞）

・歌どもの本を仰せ（下二[未]）られ（尊敬[用]）て、「これが末はいかに」と問は（四[未]）せ給へ（四[已]）ば、 1

数々の歌の上の句をお詠みになられて、「これの下の句はどのようなものか」とお尋ねになったところ、

・例の心なしの、かかるわざをし（サ変[用]）て噴ま（四[未]）るる（受身[体]）こそ、いと心づきなけれ（ク[已]）。 2

例によって不注意者（の犬君）が、このようなこと（いたずら）をして叱られるのが、大変気に入らないことよ。

・老い（上二[用]）衰へ（下二[用]）たる人だに、今は限りと思ひはて（下二[用]）られ（自発[用]）て、 3

老い衰えた私どもでさえ、（出家すると思わず）人生はおしまいだとすっかり思い込んでしまって、

・御胸のみ、つとふたがり（四[用]）て、つゆまどろま（四[未]）れ（可能[未]）ず、明かし（四[用]）かね（下二[未]）させ給ふ（四[終]）。 4

（桐壺帝は）お胸が、ずっとつまるようで、全く眠ることもできず、夜を明かすこともおできにならない。

☑ 単語チェック

□いかに【如何に】副
①どのように ②なぜ

□わざ【業】名
①〜こと ②法要・仏事 ③加持祈禱

□さいなむ【噴む】動マ四
①叱る

□こころづきなし【心付き無し】形ク
①気にくわない

□おもひはつ【思ひ果つ】動タ下二
①すっかり思い込む

□つと 副
①ずっと・じっと ②急に・さっと

□つゆ 副
①全く〈↔打消〉

□かぬ 動ナ下二
①…しかねる・…できない

使役・尊敬の助動詞「す・さす・しむ」

頻出度 C
学習時間 10分
学習日 ／

❶要点整理

接続		基本形	未然形	連用形	終止形	連体形	已然形	命令形	活用の種類
未然形	～ア	す	せ	せ	す	する	すれ	せよ	下二段
	～イ ～エ ～オ	さす	させ	させ	さす	さする	さすれ	させよ	
		しむ	しめ	しめ	しむ	しむる	しむれ	しめよ	

助動詞	意味	訳し方	備考
す さす しむ	①使役《しえき》	…せる・…させる	ある行為を他人に行なわせることを表す。 例「養は**す**」→「育て**させる**」
	②尊敬《そんけい》	お…になる・…なさる	主語に対する敬意を表す表現。 例「入ら**せ**給ふ」→「**お**入り**になる**」

※助動詞「す」と「さす」は全く同じ意味をもつが、次のように接続だけが異なる。(「る・らる」の違いと同じ)
「す」……四段・ナ変・ラ変動詞の未然形（～**ア**《a》の音）に接続する。
「さす」…その他の動詞の未然形（～**イ**《i》・**エ**《e》・**オ**《o》の音）に接続する。

◉意味の出題割合

「す・さす」

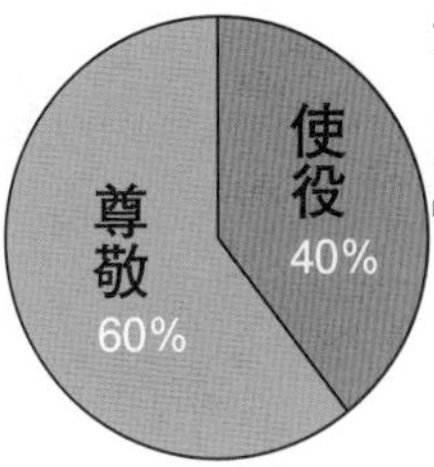

「しむ」

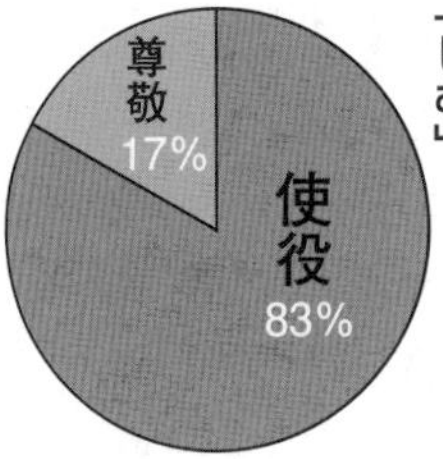

「す・さす」は「尊敬」の方が割と多いが、「しむ」は「使役」が圧倒的に多い。

❷問題演習

問1 傍線部(a)〜(d)の助動詞「せ」の文法上の意味を漢字で答えよ。（東海大）

・御車《おんくるま》入るべき門は鎖したりければ、人して惟光《これみつ》召させ(a)て、待たせ(b)給ひける程、（源氏物語）

・（帝が）「そもそもまことか」など問はせ(c)給ふに、鳥飼といふ題を皆人々に詠ませ(d)給ひけり。（大和物語）

解説▶助動詞「す・さす・しむ」は基本的に「**使役**」の意味をもつが、下に**尊敬語**（**給ふ**）が付いたときにだけ「**尊敬**」の意味を表す。

(a)…「せ」が単独で用いられている（下に尊敬語はない）ので**使役**の意味。「人して」の「して」は「人に」という意味の**使役の対象**（**〜に**〔…させる〕）を表す助詞である。（答 使役）

(b)…「せ＋給《たま》ふ」の形の「せ」は、**尊敬**の意味。（答 尊敬）

(c)…「せ＋給ふ」の形なので、**尊敬**の意味。主語が「帝」という最も高貴な人物なので、**二重敬語**の用法が用いられている。（答 尊敬）

(d)…「せ＋給ひ」の形だが、前に「人々に」という**使役の対象**（**〜に**〔…させる〕）が存在するので、ここでは**使役**の意味になる。このように、「せ＋給ふ」の形であっても、文に使役の対象がある場合は**使役**の意味になるので注意。（答 使役）

意味判別法（す・さす・しむ）

❶基本（通常）⬇使役

❷「す・さす・しむ」＋**尊敬語**（**たまふ**）⬇尊敬

例 …せ**たまふ**
…させ**たまふ**
…しめ**たまふ**
（…なさる／お…になる）

※これは「**二重敬語**」という用法で、天皇・帝・中宮など最も高貴な人物に用いられることが多い。

※ただし、その文に「**〜に**（…させる）」という「**使役の対象**」が存在する場合は使役の意味になるので注意。

【全文解釈】

（品詞分解：動詞／形容詞／形容動詞／副詞／助動詞／助詞／ほかは無色 ※品詞表示無し＝名詞）

・御車入る四[終]べき門は鎖し四[用]たりければ、人して惟光召さ四[未]せ使役[用]て、待た四[未]せ尊敬[用]給ひ四[用] ①

お車を入れるはずの門が閉ざしていたので、（光源氏は）人に命じて惟光をお呼ばせになって、お待ちになって

ける程、 ②

いたとき、

・（帝が）「そもそもまことか」など問は四[未]せ尊敬[用]給ふ四[体]に、鳥飼といふ四[体]題を皆人々に ③

（帝が）「そもそも（それは）本当のことか」などとお尋ねになって、鳥飼という題ですべての人々に

詠ま四[未]せ使役[用]給ひ四[用]けり。 ④

歌をお作らせになった。

✔単語チェック

□さす【鎖す】動サ四

①（門戸を）とざす

□めす【召す】動サ四

①お〔呼び／招き〕になる

→〔呼ぶ／招く〕の尊敬語

第1回 助動詞 AUXILIARY VERB

過去の助動詞「き・けり」

頻出度	学習時間	学習日
S	10分	／

❶ 要点整理

接続	基本形	未然形	連用形	終止形	連体形	已然形	命令形	活用の種類
連用形	き	（せ）＊1	○	き	し	しか	○	特殊
	けり	（けら）	○	けり	ける	けれ	○	ラ変

助動詞	意味	訳し方	備考
き	①〔直接《ちょくせつ》〕過去《かこ》	…た	過去に**自分が直接体験**したことを表す。 ㊄「…といふ人あり**き**」→「という人がい**た**」
けり	①〔間接《かんせつ》・伝聞〕過去	…た・…たそうだ	過去に**他人が経験**したことを聞いて伝える。 ㊄「あり**けり**」→「い**た**（**そうだ**）」
	②詠嘆《えいたん》〔気づき〕	…だなあ・…なことよ	物事に深く感動する〔初めて気づいて驚く〕こと。 ㊄「…なり**けり**」→「…であるの**だなあ**」

◉意味の出題割合「けり」

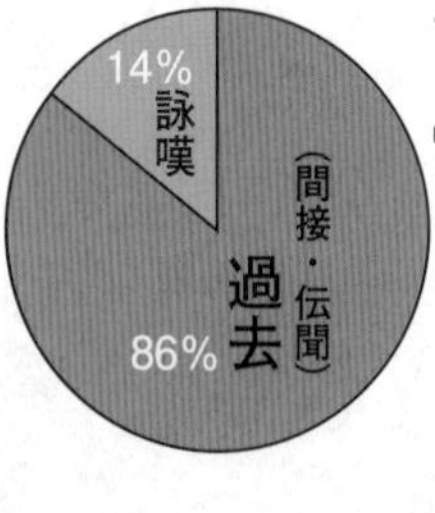

地の文の「けり」はほぼ「過去」と考えてよい。**和歌**や**会話文中**の「けり」はほぼ「**詠嘆**」である。

◆補足説明

＊1…この「**せ**」は、「～**せ**ば、…まし」（もし～だったら、…だろうに）という**反実仮想**の形でのみ使われる（☞61頁）。

❷ 問題演習

問 1 傍線部の品詞説明をせよ。（青山学院大）

人となして、うしろやすからむ妻などにあづけてこそ、死にも心やすからむとは思ひ<u>しか</u>、いかなる心地してさすらへむずらむと思ふに、なほいと死にがたし。（蜻蛉日記）

解説▼ 過去の助動詞「き」は、［（せ）―○―き―し―**しか**―○］と活用するので、傍線部の「しか」は**已然形**。「こそ」の係結び（→92頁）によって已然形となっている。助動詞の品詞説明は、①意味＋②品詞＋③「基本形」の＋④活用形の順番で書く。

（答 **過去の助動詞「き」の已然形**）

【全文解釈】

（品詞分解：■動詞／■形容詞／■形容動詞／■副詞／■助動詞／■助詞／ほかは無色 ※品詞表示無し＝名詞）

人となして、うしろやすからむ妻などにあづけてこそ、死にも心やすからむとは思ひしか、いかなる心地してさすらへむずらむと思ふに、なほいと死にがたし。

（息子を）一人前にして、安心な妻などに預けたとしたら、（この私が）死んでも安心だろうとは思ったが、（今死んだら、あの子は）どのような気持ちであてどない暮らしをするのだろうかと思うと、やはり全く死ぬことができない。

✔ 単語チェック

- ★★★ **うしろやすし**【後ろ安し】形ク
  ①安心だ ②頼もしい
- ★★ **こころやすし**【心安し】形ク
  ①安心だ・気楽だ ②親しい
- いかなり【如何なり】形動ナリ
  ①どのような・どういう
- ★★ **ここち**【心地】名
  ①気持ち ②感じ・様子
- ★★★ **いと** 副
  ①大変・非常に・全く
  ②たいして・それほど〈↓打消〉

問２ 傍線部(a)・(b)の品詞説明をせよ。

・昔、男ありけり。身はいやしながら、母なむ宮なりける(a)。（伊勢物語）1
・限りとて別るる道の悲しきにいかまほしきは命なりけり(b)（源氏物語）2

解説

(a)…過去の助動詞「けり」は［(けら)－○－けり－**ける**－けれ－○］と活用するので、傍線部の「ける」は**連体形**だとわかる。上にある係助詞「なむ」の**係結び**によって連体形になっている。

（答）過去の助動詞「けり」の連体形

(b)…**和歌**や**会話文**中の「けり」や、「…なり**けり**」（…だなあ）という形の「けり」は、**詠嘆**の意味が多い。過去の助動詞「けり」であっても、詠嘆の意味を表すときは「**詠嘆**の助動詞」と答えること。

（答）詠嘆の助動詞「けり」の終止形

【全文解釈】（品詞分解：動詞／形容詞／形容動詞／副詞／助動詞／助詞／ほかは無色　※品詞表示無し＝名詞）

・昔、男あり〔ラ変[用]〕けり〔過去[終]〕。身はいやし〔シク[終]〕ながら、母なむ宮なりける〔過去[体]〕。1
昔、ある男がいた。（その男は）身分は低いが、母方は皇族であったということだ。

・限りとて別るる〔下二[体]〕道の悲しき〔シク[体]〕にいか〔四[未]〕まほしきは命なりけり〔詠嘆[終]〕2
これを最後としてお別れするあの世への道が悲しく思われるにつけても、あの世に行きたいのではなく、もっと生きたいことであるなあ。

意味判別法（けり）

❶基本（通常）⬇過去
❷**和歌**や**会話文**中の「けり」や「…なり**けり**」という形
⬇詠嘆〔気づき〕
※「…なり**けり**」の「なり」は**断定**の助動詞「なり」の連用形。

☑単語チェック

□いやし★★★【賤し・卑し】形シク
①身分［地位］が低い

完了の助動詞「つ・ぬ／たり・り」

頻出度	学習時間	学習日
A	15分	／

1 要点整理

接続	基本形	未然形	連用形	終止形	連体形	已然形	命令形	活用の種類
連用形	つ	て	て	つ	つる	つれ	てよ	下二段
	ぬ	な	に	ぬ	ぬる	ぬれ	ね	ナ変
	たり	たら	たり	たり	たる	たれ	たれ	ラ変
サ未四已	り	ら	り	り	る	れ	れ	

助動詞	意味	訳し方	備考
つ ぬ	①完了《かんりょう》	…た・…てしまった	動作・状態がすでに終了していることを表す。 (例)「来**ぬ**」→「来**た**」、「付け**つ**」→「付け**た**」
	②強意《きょうい》〔確述《かくじゅつ》〕	きっと…（だろう）	動作や作用の実現を確信・確認する意味。 (例)「風も吹き**ぬ**べし」→「風も（**きっと**）吹くだろう」
たり り	①完了	…た・…てしまった	動作・状態がすでに終了していることを表す。 (例)「皇子おはし**たり**」→「皇子がいらっしゃっ**た**」
	②存続《そんぞく》	…ている・…てある	動作、出来事、状態が続いていること。 (例)「光り**たり**」→「光っ**ている**」

※「つ」と「ぬ」は同じ意味の助動詞であるが、「つ」は他動詞、「ぬ」は自動詞に付きやすいという違いがある。

※「たり」の語源は、接続助詞「**て**《te》」＋ラ変動詞「**あり**《ari》」→「**てあり**《te ari》」→「**たり**《tari》」。「り」の語源もラ変動詞「**あり**《ari》」→「**り**《ri》」だと考える。

※「り」は、**サ変動詞の未然形**と、**四段活用動詞の已然形**に接続する。

◉意味の出題割合

「つ・ぬ」

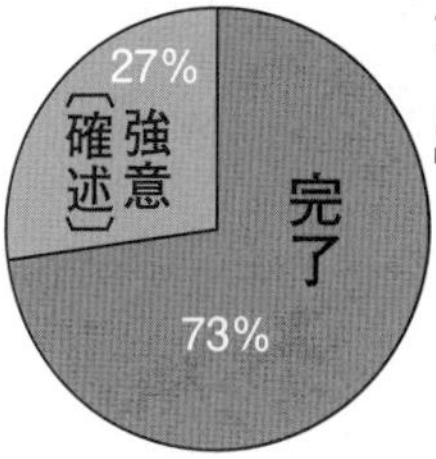

「たり・り」

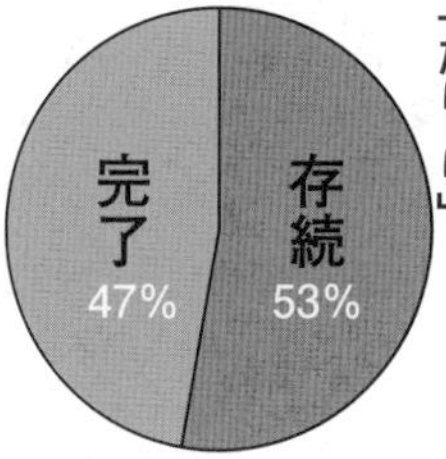

「つ・ぬ」は大半が「完了」の意味。「たり・り」は「存続」と「完了」はほぼ半々。

❷ 問題演習

問1 傍線部(a)〜(d)の助動詞の文法上の意味を漢字で答えよ。（西南学院大ほか）

1 ・（男と女が）いささかなることによりて離れに(a)けれど、（大和物語）

2 ・こはいかに、かくては立ち給へる(b)ぞ。（宇治拾遺物語）

3 ・仏だによく書き奉らば、百千の家も出て来な(c)ん。（宇治拾遺物語）

4 ・「さて鷹飼はでは、いかがしたまはむずる」といひた(d)れば、（蜻蛉日記）

解説

(a)…助動詞「つ・ぬ」は基本的に**完了**の意味である。下に過去の助動詞「けり」が続いて「…てしまった」という意味になることが多い。（答 完了）

(b)…「る」の上にある「給へ」は、「給へ」+「ず」→「給**は**《ha》ず」となるので、給［は―ひ―ふ―ふ―へ―へ］と活用するハ行四段活用動詞。文末ではないので、「給へ」は命令形ではなく**已然形**であると考えられる。助動詞「る」は**未然形**に接続するため、已然形に接続する「る」は完了の助動詞「り」の連体形（る）だけとなる。助動詞「たり・り」は、**状態**を表す場合は**存続**（➊）、**動作**を表す場合は**完了**の意味になる（➋）。この文では「このようにお立ちに（なっている）」という**状態**を表すので、存続（…ている）の意味で取る。（答 存続）

(c)…下の「ん」は推量の助動詞「む」と同語。下に推量の助動詞が続く場合、「つ・ぬ」は**強意**の

意味判別法（つ・ぬ）

➊ 基本（通常）➡完了

➋「つ・ぬ」+推量の助動詞
➡強意（確述）
（例）てむ・なむ・つべし・ぬべし・つらむ・ぬらむ・てけむ・にけむ
（訳：きっと…だろう）

➌「つ・ぬ」+過去・完了の助動詞（き・けり・たり）
➡完了
（例）てけり・にけり・にたり・てき
（訳：てしまった）

※て…「つ」の未然形
つ…「つ」の終始形
な…「ぬ」の未然形
に…「ぬ」の連用形
ぬ…「ぬ」の終止形

意味判別法（たり・り）

➊ 状態を表す場合➡存続
➋ 動作を表す場合➡完了

意味になる（⬇❷）。（答 強意）

(d)…動作を表す場合、「たり・り」は**完了**の意味になる（⬇❷）。（答 完了）

【全文解釈】

（品詞分解：■動詞／■形容詞／■形容動詞／■副詞／■助動詞／■助詞／ほかは無色 ※品詞表示無し＝名詞）

1 ・（男と女が）いささかなることによりて離れにけれど、
（男と女が）たいしたことのないこと（ささいなすれ違い）によって別れてしまったが、

2 ・こはいかに、かくては立ち給へるぞ。
これはどのようにして、このようにお立ちになっていらっしゃるのか。

3 ・仏だによく書き奉らば、百千の家も出で来なん。
せめて仏だけでも上手くお書き申し上げたならば、百や千もの家をきっと建てることができるだろう。

4 ・「さて鷹飼はでは、いかがしたまはむずる」といひたれば、
「さて（出家したら）鷹を飼えなくなるが、どのようになさるつもりか」と言ったところ、

問2 **傍線部(a)〜(f)のうち、助動詞「つ」の活用形であるものをすべて選べ。**（早稲田大）

1 ・かき消つ(a)やうに失せ給ひけり。 ・市に出でて(b)侍りければ、

2 ・行方《ゆくゑ》なくなしてし(c)我が師にて ・いまそかるらんとは思はざりつる(d)を、

3 ・心も澄みわたりて(e)侍るなり。 ・さし出だして(f)待ち侍れば、（閑居友 ※抜粋）

◆補足説明

☑単語チェック

□いささかなり【些かなり】形動ナリ ①ほんの少し／たいしたことのない

□★★かく【斯く】副 ①このように

□★★★さて 副／接 ①そのまま ②そこで・さて

解説▼完了の助動詞「つ」は連用形接続（＝上の語が連用形）で、「て－て－つ－つる－つれ－てよ」と活用する。この点をおさえながら判断しよう。

(a)…タ行四段活用動詞「消《け》つ」の連体形活用語尾。

(b)…前後二つの動詞をつなげているので、接続助詞の「て」である（(e)・(f)も同じ）。

(c)…上にはサ行四段活用動詞「なす」の**連用形**（なし）があり、下には**連用形接続**である過去の助動詞「き」の連体形（し）がある。文法的にも文脈的にも、完了の助動詞「つ」の**連用形**（て）であると考えられる。

(d)…上には打消の助動詞「ず」の**連用形**（ざり）があり、下には**連体形**接続の接続助詞「を」がある。文法的にも文脈的にも、完了の助動詞「つ」の**連体形**（つる）であると考えられる。

このように、「上の語の活用形」と「下の語の接続」から、文法的に対象となる語を絞り込むことができる。

（答）(c)・(d)

【全文解釈】（品詞分解：動詞／形容詞／形容動詞／副詞／助動詞／助詞／ほかは無色 ※品詞表示無し＝名詞）

1
・かき消つやうに失せ給ひけり。
かき消すように姿を消してしまわれた。
・市に出でて侍りければ、
市街に出ましたところ、

2
・行方なくなしてし我が師にて
行方不明になったわが師（がいて）、
・いまそかるらんとは思はざりつるを、
いらっしゃるだろうとは思わなかったので、

3
・心も澄みわたりて侍るなり。
心も澄みわたっているのです。
・さし出だして待ち侍れば、
差し出して待っておりますと、

単語チェック

□うす【失す】動サ下二 ★★
①死ぬ ②無くなる ③姿を消す

□いまそかり【在そかり】動ラ変
①いらっしゃる
※「いまそがり」「いますがり」とも。「あり」の尊敬語。

推量の助動詞「む・むず・じ」

頻出度	学習時間	学習日
S	15分	／

❶要点整理

接続	基本形	未然形	連用形	終止形	連体形	已然形	命令形	活用の種類
未然形	む（ん）	○	○	む	む	め	○	四段
	むず（んず）	○	○	むず	むずる	むずれ	○	サ変
	じ	○	○	じ	じ	じ	○	無変化

助動詞	意味	訳し方	備考
む むず	①意志《いし》	…しよう	主語が話し手（一人称）のとき、何かをしようとする気持ちを表す。 ㋑「さぶらは**む**」→「お仕え**しよう**」
	②推量《すいりょう》	…だろう	話し手が予想・想像すること。 ㋑「まうで来**むず**」→「迎えに参上する**だろう**」
	③仮定《かてい》	〔もし〕…としたら	不確かなことを仮に定めるという意味。 ㋑「さる所へまから**むずる**も、」→「**もし**そのような所へ参る**としたら**、」
	④婉曲《えんきょく》	…のような	物事をはっきりと明言せず、物言いをやわらかくする表現。 ㋑「思は**む**子」→「大切に思う**ような**子」
	⑤適当《てきとう》	…がよい	ある状態・目的・要求などが、よくあてはまること。 ㋑「帰りたまへ**め**」→「帰ったほう**がよい**」
	⑥勧誘《かんゆう》	…しませんか	「一緒に〜しよう」と誘いかけたり勧めたりする表現。 ㋑「こそ討死をもせ**め**」→「討死にしようではないか（しませんか）」
じ	①打消推量《うちけしすいりょう》	…ないだろう	話し手や書き手の否定的な考えや判断を含んだ推量表現のこと。 ㋑「これに過ぐるはあら**じ**」→「これ以上のものは**ないだろう**」
	②打消意志《うちけしいし》	…ないつもりだ	話し手や書き手の否定的な考えを含んだ意志表現のこと。 ㋑「率て行か**じ**」→「連れて行か**ないつもりだ**」

◉意味の出題割合

「む・むず」

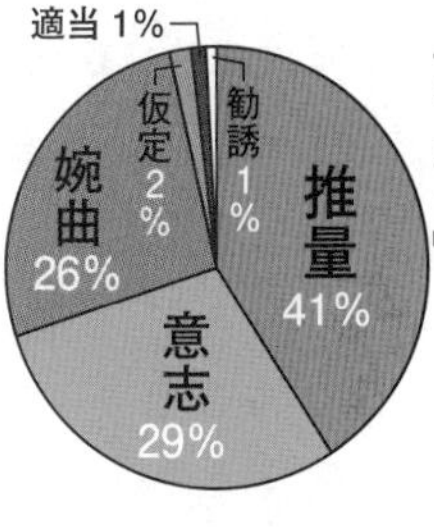

「じ」

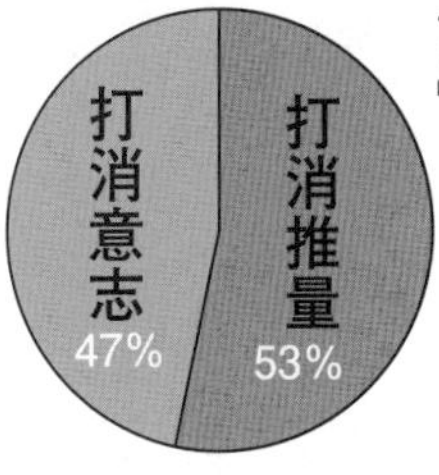

「む」は「推量・意志・婉曲」の三つ以外はほぼ問われない。「むず」は「む」を少し強調しただけの助動詞（意味は同じ）だが出題に絡むのは稀。

❷ 問題演習

問 1 次の傍線部(a)〜(e)の助動詞「む・むず・じ」の文法上の意味を漢字で答えよ。

・これが花の咲か<u>む</u>(a)折は来むよ。（更級日記）1

・男はこの女をこそ得<u>め</u>(b)と思ふ。（伊勢物語）2

・「忍びては参りたまひな<u>む</u>(c)や」（と言ふ）（源氏物語）3

・かのもとの国より、迎へに人々まうで来<u>むず</u>(d)。（竹取物語）4

・「我死なば、（この子は）孤身にして頼む所あら<u>じ</u>(e)。〈中略〉」と言ひき。（今昔物語集）5

解説

(a)…「む」の下の「折」は体言。助動詞「む」の下に**体言**が続く（または、その体言が省略されて**助詞**が続く）場合、助動詞「む」は**婉曲**（稀に仮定）の意味である場合が多い（⬇❸）。（答 婉曲）

(b)…助動詞「む」（の已然形の「め」＊1）の下に「と思ふ」と続く場合、**意志**の意味（⬇❷）。（答 意志）

(c)…助動詞「む」を含む一文の主語が**二人称**の場合、助動詞「む」の意味は**適当・勧誘**の意味である場合が多い（⬇❺）。特に、**会話文**中で、「こそ…**め**（**むずれ**）」や「…て**む**や／…な**む**や」＊2の形で用いられる。適当・勧誘のどちらの意味かは文脈で判断する。ここでは、相手に対して「…してくれませんか」と勧誘している文脈なので、**勧誘**の意味で取る。（答 勧誘）

(d)…この文の「むず」の主語は「人々」（＝三人称）。文の主語が**三人称**である助動詞「む・むず」の

意味判別法（む・むず）

❶基本⬇推量
❷「む」＋**と思ふ**／**とて**⬇意志
❸「む」＋**体言**／**助詞**⬇婉曲
※「む」は連体形。
❹主語が**一人称**（私）⬇意志
❺主語が**二人称**（あなた）⬇適当・勧誘
❻主語が**三人称**（私・あなた以外の人・物・事）⬇推量

◆**補足説明**

＊1…助動詞「む」が已然形（め）なのは、上部に係助詞の「こそ」があり、係結びが起こっているため。

＊2…「…**て**むや／…**な**むや」の「**て**・**な**」は、強意の助動詞「つ・ぬ」の未然形。「や」は疑問を表す係助詞（☞92頁）。

意味は**推量**が多い（➏）。（答 **推量**）

(e)…助動詞「じ」は、助動詞「む」の打消語（反意語）。意味の判別法は助動詞「む・むず」と同様で、「じ」を含む一文の主語が**一人称**なら**打消意志**（➊）、**三人称**なら**打消推量**の意味である場合が多い（➋）。この文の主語（この子は）は三人称なので、「じ」の意味は**打消推量**。（答 **打消推量**）

【全文解釈】

（品詞分解：動詞／形容詞／形容動詞／副詞／助動詞／助詞／ほかは無色 ※品詞表示無し＝名詞）

1 ・これが花の咲かむ折は来むよ。
この花の咲くようなときは来るつもりだよ。

2 ・男はこの女をこそ得めと思ふ。
男はこの女を妻にしようと思う。

3 ・「忍びては参りたまひなむや」（と言ふ）
「忍んで参りなさってはいかがですか」（と言う）

4 ・かのもとの国より、迎へに人々まうで来むず。
あのもとの国から、迎えに人々がやって参るだろう。

5 ・「我死なば、（この子は）孤身にして頼む所あらじ。〈中略〉」と言ひき。
「私が死ぬならば、（この子は）孤児であって頼みにする所もないだろう」と言った。

意味判別法（じ）

➊ 主語が**一人称**➡打消意志
➋ 主語が**三人称**➡打消推量

✔単語チェック

□まうづ【参づ・詣づ】動ダ下二
①参る←〔行く／来〕の謙譲語
②参詣する

第10回 助動詞 AUXILIARY VERB

推量の助動詞「らむ・けむ」

頻出度	学習時間	学習日
D	15分	／

❶ 要点整理

接続	基本形	未然形	連用形	終止形	連体形	已然形	命令形	活用の種類
終止形 ラ変連体形	らむ（らん）＊1	○	○	らむ	らむ	らめ	○	四段
	けむ（けん）＊1	○	○	けむ	けむ	けめ	○	四段

助動詞	意味	訳し方	備考
らむ	①〔視界外の〕現在推量	今頃は…ているだろう	自分の眼前にない現在の事態を推量する。例「待つ**らむ**ぞ」→「**今頃は**待って**いるだろう**」
	②原因推量	〔どうして／～なので〕…なのだろう	眼前に見ている現在の事態の原因を推量する。例「紅葉すればや照りまさる**らむ**」→「紅葉するので（月は）いっそう明るく照る**のだろう**」
	③婉曲・伝聞	…のような・…とかいう	物事をはっきりと言わず、遠回しにやわらかく表すのが婉曲。人から聞いたことを表すのが伝聞。例「人のいふ**らむ**こと」→「人の言う**ような**こと」
けむ	①過去推量	…ただろう	過去の事柄について「～だっただろう」と推量する。例「言はれ**けめ**」→「言われ**ただろう**」
	②〔過去の〕原因推量	〔どうして／～だったので〕…たのだろう	過去の事実について原因・理由を推量する。例「秋となに思ひ**けむ**」→「秋と**どうして**思っ**たのだろう**」
	③〔過去の〕婉曲・伝聞	…たような・…たとかいう	過去の事柄についての婉曲・伝聞。例「向かひゐたり**けむ**有様」→「向かい合っていた**とかいう**有様」

※基本的に活用語の終止形に接続するが、「**ラ変型**に活用する語」（☞36頁）の場合はその連体形に接続する。

◉意味の出題割合

「らむ」

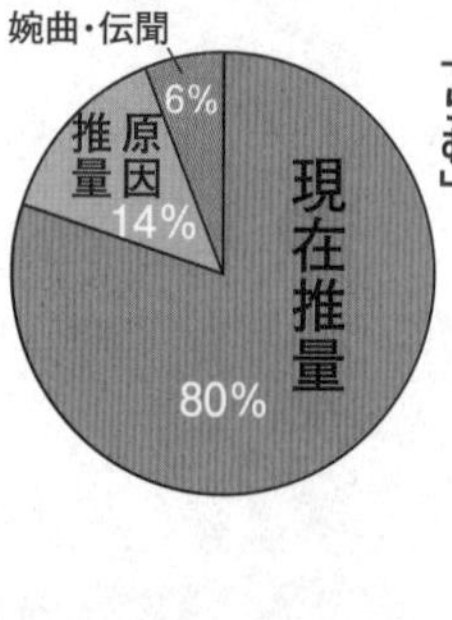

「けむ」

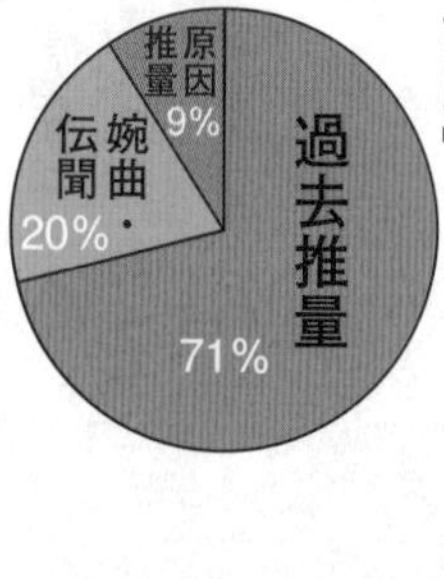

共に「推量」の意味が大半。「らむ」の方が割と「推量」色が強い。

◆補足説明

＊1…平安時代中頃から「らむ・けむ」の「む」が「ん」と発音さ

❷ 問題演習

問 1 次の傍線部(a)・(b)の文法上の意味を答えよ。

・春霞《はるがすみ》なに隠すらむ(a) さくら花 散る間をだにも見るべきものを （古今和歌集） 1

・憶良《おくら》らは 今は罷《まか》らむ 子泣くらむ(b) それその母も 吾を待つらむそ （万葉集） 2

解説

(a)…「らむ」の直後に「。」を補う。上に「どうして」という原因・理由の意味をもつ「なに」があるため、「らむ」を「どうして…なのだろう」と**原因推量**で訳す。 （答 **原因推量**）

(b)…「らむ」の後に「。」を補う。下に体言は続かないし、上に「どうして」と原因・理由に訳す副詞がないので助動詞「らむ」の意味は**現在推量**。 （答 **現在推量**）

【全文解釈】 （品詞分解：動詞／形容詞／形容動詞／副詞／助動詞／助詞／ほかは無色 ※品詞表示無し＝名詞）

1 ・春霞 なに 隠す 四[終] らむ 原推[体] さくら花 散る 四[体] 間 を だに も 見る 上一[終] べき もの を

春霞はどうして（桜の花を）隠すのだろう。せめて桜の花が散る間だけでも見ようと思っているものなのに。

2 ・憶良ら は 今 は 罷ら 四[未] む 意志[終] 子 泣く 四[終] らむ 現推[終] それ その 母 も 吾 を 待つ 四[終] らむ 現推[体] そ

（私）憶良はこれで退出することにしよう。（家では）子供が今頃泣いているだろう。たぶんその子の母も私を待っているだろうよ。

れるようになったため、「らん・けん」と表記されるようにもなった。意味は「らむ・けむ」と同じ。

意味判別法（らむ・けむ）

❶ 基本 ➡（現在／過去）推量

❷「らむ・けむ」＋**体言**／**助詞**

➡婉曲・伝聞

※「らむ・けむ」は連体形。

❸「**疑問・反語**／**原因・理由**」＋「らむ・けむ」➡原因推量

※この「**疑問・反語**」とは、「**いか〜・など〜・や・か**」などのような〔どうして〕と訳せる表現のこと。「**原因・理由**」とは、「**已然形＋ば、**」などの〔〜なので〕と訳せる表現のこと。

✔ 単語チェック

□まかる【罷る】 動ラ四

①退出する

問2 **傍線部(a)～(d)の助動詞「らむ」及び「けむ」の文法上の意味を答えよ。**（埼玉大・明治大ほか）

・「月日を送り給ふらん(a)事も心にくからずこそ侍るに、さやうの事も、などかは承らざらん」と云へば、（発心集）

・神の御心《みこころ》にさまでほしくおぼしけむ(b)こそ、いかに御心おごりし給ひけむ。（大鏡）

・浅みこそ　袖はひつらめ(c)　涙川　身さへながると　聞かばたのまむ（伊勢物語）

・ひさかたの　光のどけき　春の日に　しづ心なく　花の散るらん(d)（古今和歌集）

解説

(a)…直後に**体言**が続くため**連体形**になっている助動詞「らむ」は、**婉曲・伝聞**の意味である場合が多い。「らん」の後に「事」という体言が続いているため**婉曲・伝聞**。（答 婉曲・伝聞）

(b)…「けむ」の後に「こと」という体言が省略されていることに注意。省略はされているが下に体言が続いているので**過去の婉曲・伝聞**。（答 過去の婉曲・伝聞）

(c)…例文の上部にある「浅み」は形容詞「浅し」の語幹「浅」に原因・理由を示す「み」という語尾が接続しており、「浅いので」というように解釈する。助動詞「らむ」を含む一文に**疑問・反語**[＊1]の表現があったり、助動詞「らむ」の前に**原因・理由**（～なので）があるとき、助動詞「らむ」は**原因推量**の意味である場合が多い。（答 原因推量）

＊1 **疑問・反語**の表現…次の①～③のような、〔**どうして**〕と訳せる表現のこと。
① 副詞「**いかが・いかで・いかに**」
② 副詞「**など・などか・などて・などや**」
③ 係助詞「**や・か**」

(d)…「どうして〜・なぜ〜」などの表現がなくても、文意から補って**原因推量**で訳す場合もある。訳を確認しておくこと。

（答 原因推量）

【全文解釈】

（品詞分解：動詞／形容詞／形容動詞／副詞／助動詞／助詞／ほかは無色 ※品詞表示無し＝名詞）

1 ・「月日を送り給ふらん事も心にくからずこそ侍るに、さやうの事も、など

2 かは承らざらん」と云へば、

「（あなたがそのようなつつましい生活をして）月日を送っていらっしゃる事も怪しく思っておりますのに、それくらいの頼み事も、どうして承知申し上げないでしょうか、いやそんなことはございません」と言って、

3 ・神の御心にさまでほしくおぼしけむこそ、いかに御心おごりし給ひけむ。

神の心にまでそんなに欲しいとお思いになったようなのは、どんなに自慢に思われたであろう。

4 ・浅みこそ袖はひつらめ涙川身さへながると聞かばたのまむ

（語幹）❶

愛情が浅いからこそ袖を濡らすだけの涙しか出ないのでしょう。涙川がその身までも流してしまうということを聞くならば、あなたの気持ちを頼みにしようと思う。

5 ・ひさかたの光のどけき春の日にしづ心なく花の散るらん

光のどやかなこんな春の日にどうして落ち着いた心もなく桜の花は散っているのだろう。

単語チェック

□こころにくし【心憎し】形ク ★★★
①奥ゆかしい・心ひかれる ③怪しい

□いかに【如何に】副 ★★★
①どのように ②なぜ ③どんなに

□ひつ【漬つ】動タ四／タ上二 ★
①濡れる

□のどけし【長閑けし】形ク
①のどかだ

文法チェック

❶…形容詞の語幹に接尾語「み」が付いて、「**原因・理由**（…ので…だから）」を表す形容詞の語幹用法。

推量の助動詞「まし・らし」

頻出度	学習時間	学習日
E	15分	／

❶要点整理

接続	基本形	未然形	連用形	終止形	連体形	已然形	命令形	活用の種類
未然形	まし	ませ ましか	○	まし	まし	ましか	○	特殊
終止形	らし	○	○	らし	らし	らし	○	無変化

助動詞	意味	訳し方	備考
まし	①反実仮想《はんじつかそう》	もし～だったら、…だろうに	事実と反対のことを想定すること。 ㊥「形あら**ましか**ば、うつらざら**まし**。」→「**もし**形があるの**だったら**、映ることはない**だろうに**。」
	②ためらい	…しようかしら	ためらい（迷い）を含んだ希望や意志を述べる表現。 ㊥「何をか書か**まし**」→「何を書**こうかしら**」
	③実現不可能な希望	…たらよいのに	事実と反対のこととわかっていながら希望すること。 ㊥「他の散りなむのちぞ咲か**まし**」→「ほかの花が散ってしまった後に咲い**たらよいのに**」
らし	①〔確かな根拠にもとづく〕推定	…らしい	何らかの根拠があって推定すること。 ㊥「春過ぎて 夏来たる**らし** 白妙《しろたへ》の 衣ほすてふ 天《あま》の香具山」→「春が過ぎて夏が来た**らしい**。（夏の風物詩である）真っ白な衣を干しているよ。天香山に。」＊1

◉意味の出題割合

「まし」

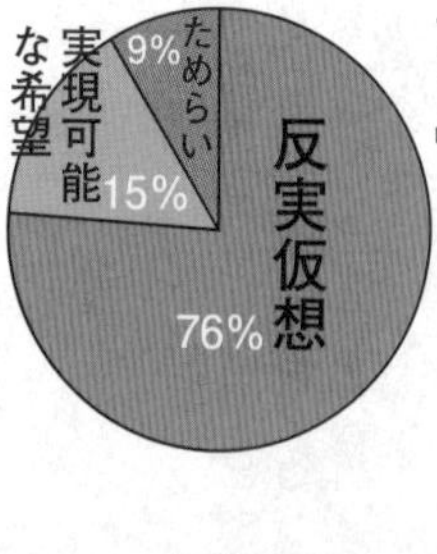

「まし」はほぼ「反実仮想」の意味が問われる。

◆補足説明

＊1…天の香具山は夏になると一斉に白い衣を干す習慣があった。そういう確かな根拠にもとづいて、夏が来た**らしい**と推定している。

❷ 問題演習

問 1 傍線部(a)・(b)の助動詞の意味を答えよ。（専修大・和洋女子大）

1 ・「その夜この浦を出でさせ給ひて石津に着かせ給へらましかば、やがて

2 この御舟名残りなくなりなまし」などいふ。心細う聞ゆ。（更級日記）

3 ・思ふこと心にかなふ身なりせば秋の別れを深く知らまし（更級日記）

解説▼「せば、」「ませば、」「ましかば、」などの形（＝「未然形＋ば、」の形）は、「もし…だったら、」という**反実仮想**を意味する仮定表現。仮定表現の後に助動詞「まし」がくると、「もし…だったら、…だろうに」という意味の**反実仮想**の用法になる。

（答）(a)反実仮想 (b)反実仮想

【全文解釈】

（品詞分解：動詞／形容詞／形容動詞／副詞／助動詞／助詞／ほかは無色 ※品詞表示無し＝名詞）

1 ・「その夜この浦を出でさせ給ひて石津に着かせ給へらましかば、やがて

（船頭が我々に）「もしあの夜この浦を（舟で）お出になって石津の港に着こうとなさったら、すぐに

2 この御舟名残りなくなりなまし」などいふ。心細う聞ゆ。

この御舟はきっと跡形もなくなった（海の藻屑となった）だろうに」などと言う。心細く聞こえる。

3 ・思ふこと心にかなふ身なりせば秋の別れを深く知らまし

自分の思うことが心で思った通りになる、そんな立場であったなら、秋の別れを深く味わうことができるのになあ。

意味判別法（まし）

❶「せば、／ませば、／ましかば、／未然形＋ば、」＋「まし」

⬇反実仮想

❷「いかに／や／何」＋「まし」

⬇ためらい

❸その他

⬇実現不可能な希望

※「せば、」の「せ」は過去の助動詞「き」の未然形（☞46頁）。「ば」は接続助詞（☞86頁）。

※反実仮想の形「〜ば、…まし」の「…まし」はよく省略されるので注意。

☑ 単語チェック

□★★★ **やがて**【軈て】副
①すぐに ②そのまま

□★★ **かなふ《う》**【叶ふ・適ふ】動八四
①望みが叶う・思い通りになる
②適合する・ぴったり合う

問2 傍線部の解釈として正しいものを、後の選択肢から選べ。

我が身の事知らぬにはあらねど、すべき方のなければ、知らぬに似たりと
ぞ言はまし。（徒然草）

① 言いたいものだ　② 言ってはならぬ　③ いうかも知れぬ
④ 言わねばならぬ　⑤ 言わないだろう

解説▶ 助動詞「まし」は、仮定表現が上にあるときは反実仮想の用法になり、「**いかに**」「**や**」「**何**《なに》」といった**疑問表現**が上にあるときは**ためらい**の用法になる。そして、どちらの表現もないときは、**実現不可能な希望**（**…たらよいのに**）の用法になる。今回は仮定表現が上に無いので、**実現不可能な希望**の用法に最も近い①が正解。（答①）

【全文解釈】（品詞分解：■動詞／■形容詞／■形容動詞／■副詞／■助動詞／■助詞／ほかは無色 ※品詞表示無し＝名詞）

我が身の事知ら四[未]ぬにはあらラ変[未]ねど、すサ変[終]べき方のなけれク[已]ば、知ら四[未]ぬに似上一[用]たり存続[終]と
ぞ言は四[未]まし希望[体]。

自分自身のことを理解していないというわけではないけれど、どうしようもないので、知らないのと同じであると
言いたいものだ。

問3 傍線部の文法上の意味を答えよ。

竜田川 紅葉《もみぢば》流る 神奈備《かむなび》の 三室《みむろ》の山に 時雨《しぐれ》降るらし

（古今和歌集）

1

解説 「らし」は確かな根拠にもとづく**推定**の意味。竜田川に流れてきた紅葉は、上流の三室山の時雨によって流されてきた紅葉なのだろうと推定している。

（答 **推定**）

【全文解釈】

（品詞分解：動詞／形容詞／形容動詞／副詞／助動詞／助詞／ほかは無色 ※品詞表示無し＝名詞）

竜田川 紅葉流る［下二［終］］ 神奈備の 三室の山に 時雨降る［四［終］］らし［推定［終］］

竜田川に紅葉が流れている。（この川の上流にある）神奈備の三室山に時雨が降っているらしい。

1

推量の助動詞「べし・まじ」

頻出度	学習時間	学習日
A	20分	／

1 要点整理

接続	基本形	未然形	連用形	終止形	連体形	已然形	命令形	活用の種類
終止形 ラ変連体形	べし	(べく) べから	べく べかり	べし	べき べかる	べけれ	○	形容詞(ク活用)

助動詞	意味	訳し方	備考
べし	①推量	…だろう	物事の状態・程度や他人の心中などを押しはかること。(例)「めやす**かるべけれ**」→「見た目に良い**だろう**」
	②当然	…はずだ・…べきだ	「(当然)〜はず」と訳し、そうなるのがあたりまえであること。(例)「行く**べし**」→「行く**べきだ**」
	③可能	…できる	可能性を表し、「〜することができる」という意味。(例)「飛ぶ**べから**ず」→「飛ぶことが**でき**ない」
	④意志	…しよう	主語(一人称)の、何かをしようとする意志を表す。(例)「定む**べし**と思へ」→「**決めよう**と思いなさい」
	⑤命令	…しろ	「〜しなさい」と強く主張し、命ずる表現。(例)「前にかく**べし**」→「前にかけ**よ**」
	⑥適当	…がよい	「〜したほうがいいよ」と軽い助言や忠告を表す。(例)「おほとのごもる**べき**」→「お休みになった方**がよい**」

※「べし」の基本的な意味は、「当然…のはずだ！」という確信をもった強い推量。六つもの意味があるが、問われるのは「推量・当然・可能」の三つが大半なので、基本的にはこの三つだけ覚えておけばよい。

◉意味の出題割合

「べし」

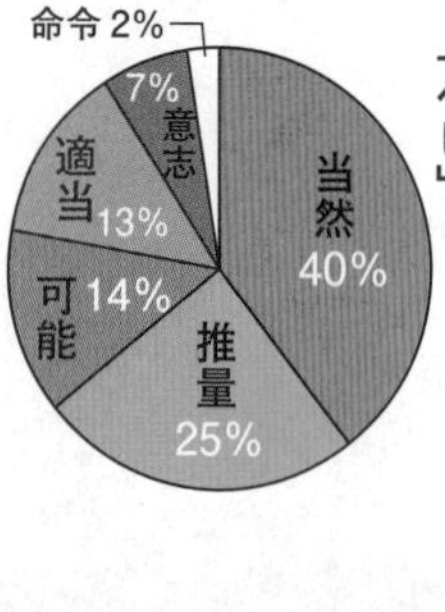

「まじ」

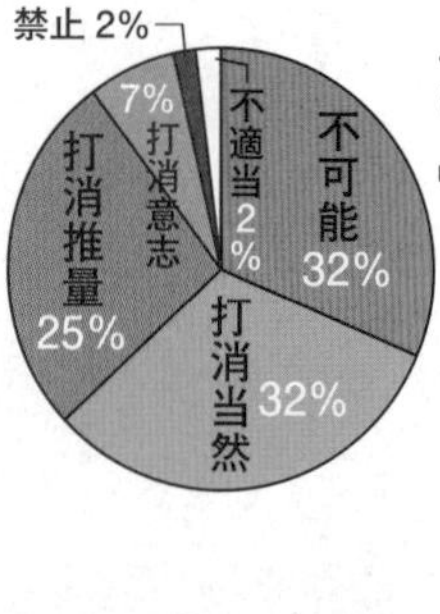

「べし」は「当然・推量・可能」の三つ以外はあまり問われない。迷ったら「当然」で訳しておけばよい。「まじ」は「べし」の反意語であるため、同様に「不可能・打消当然・打消推量」以外

接続	基本形	未然形	連用形	終止形	連体形	已然形	命令形	活用の種類
終止形 ラ変連体形	まじ	（まじく） まじから	まじく まじかり	まじ	まじき まじかる	まじけれ	○	形容詞 （シク活用）

助動詞	意味	訳し方	備考
まじ	①**打消《うちけし》推量**	…ないだろう・…まい	話し手や書き手の否定的な考えを含んだ推量表現のこと。 (例)「事かく**まじ**。」→「不自由は**ないだろう**。」
	②**打消当然**	…はずがない・…べきでない	「当然そうではない」という話し手や書き手の判断を表す。 (例)「忘る**まじき**なり」→「忘れ**ないようにすべき**である」
	③**不可能**＊1	…できない・…できそうもない	そうすることができないという意味を表す。 (例)「え堪ふ**まじく**」→「堪えることが**できそうになく**」
	④**打消意志**	…しないつもりだ・…まい	話し手や書き手の否定的な考えを含んだ意志表現のこと。 (例)「敵の手にはかかる**まじ**」→「敵の手にはかかる**まい**」
	⑤**禁止**	…するな	「してはいけない」と命ずる表現。 (例)「死ぬ**まじき**ぞ。」→「死んでは**ならない**ぞ。」
	⑥**不適当**	…ない方がよい	「そうならない方がよい」という判断を表す。 (例)「持つ**まじき**ものなれ」→「持た**ない方がよい**ものだ」

※「まじ」は「べし」の打消語。接続も同じ。

はほぼ問われない。

◆補足説明

＊1…呼応の副詞である「え」（☞110頁）と組み合わされた「え…まじ」という形のとき、「まじ」の意味は**不可能**になる。これ以外は助動詞「べし」と同じように意味を判別していけばよい。

❷ 問題演習

問 1 傍線部(a)・(b)の助動詞の意味と活用形を答えよ。（中央大）

1 ・定業《ぢやうごふ》（＝寿命）は限りあり。祈るとも生く<u>べからず</u>(a)。（宝物集）

2 ・さばかりの者を、近う召しよせて勅禄たまはす<u>べき</u>(b)ことならねど、（大鏡）

解説 (a)の「べからず」の「ず」は打消の助動詞。助動詞「べし」は、下に**打消語**が続く場合、**可能**の意味であることが多い（➡❸）。助動詞「ず」は**未然形**接続。

（答 **可能・未然形**）

(b)の「べし」の下に付く「こと」に注目。「べし」は、下に**体言（助詞）**が続く場合、**当然**の意味であることが多い（➡❷）。また、下に体言（こと）が続くので、「べき」は**連体形**。「…（する）べきだ」と訳す場合、**当然**の意と取ること。

（答 **当然・連体形**）

【全文解釈】

（品詞分解：動詞／形容詞／形容動詞／副詞／助動詞／助詞／ほかは無色 ※品詞表示無し＝名詞）

1 ・定業（＝寿命）は限りあり〔ラ変[終]〕。祈る〔四[終]〕とも生く〔上二[終]〕べから〔可能[未]〕ず。

（人間の）寿命は限りがある。祈っても（永遠に）生きることはできない。

2 ・さばかりの者を、近う〔ク[用]（ウ音便）〕召し〔四[用]〕よせ〔下二[用]〕て勅禄たまはす〔四[終]〕べき〔当然[体]〕ことならねど、

▽その程度の身分の低い者に、（天皇が）▽近くにお呼び寄せになってご褒美をお与えになるべきことではないのだが、

意味判別法（べし）

❶「べし」＋と思ふ／とて ➡意志

❷「べし」＋**体言**／**助詞** ➡**当然**

❸「**べからず**」➡**可能**

❹主語が**一人称**➡**意志**

❺主語が**二人称**➡**適当・命令**

❻主語が**三人称**➡**推量**

※「べし」は曖昧な意味で使われることが多い助動詞なので、最終的には文脈で決めること。迷ったら**当然**（…**べきだ**）で訳しておけばよい。

✔ 単語チェック

□さばかり【然許り】副 ①あのくらい・その程度 ②大変

□めす【召す】動サ四 ①お〔呼び／招き〕になる ↓〔呼ぶ／招く〕の尊敬語

問2 傍線部(a)・(b)の助動詞の意味をそれぞれ答えよ。（関西大）

（母親が娘に）「もし汝《なんぢ》出ていなば、我は飢ゑなんとす」と。娘のいはく「我更《さら》に見るべからず(a)」と。〈中略〉（帝が娘に）「汝世にありがたく孝養《けうやう》の心深し。速やかに我に従ふべし(b)」と。

（今昔物語集）

解説 (a)は「べからず」と打消語が続いているが、ここでは文脈的に**可能**にはならない。主語は「我」という一人称である。主語が一人称である場合や、下に「と思《おも》ふ／とて」が続く場合、助動詞「べし」の意味は**意志**が多い（➡❶・❹）。

（答 意志）

(b)の「べし」は主語が「汝」という**二人称**であるため、意味は適当か命令が多い（➡❺）。帝からの勅命であるので、**命令**の意味で取ると文脈に合う。

（答 命令）

【全文解釈】

（品詞分解：動詞／形容詞／形容動詞／副詞／助動詞／助詞／ほかは無色 ※品詞表示無し＝名詞）

（母親が娘に）「もし汝出で〔下二[用]〕い〔ナ変[未]〕なば、我は飢ゑ〔下二[用]〕な〔強意[未]〕ん〔推量[終]〕とす〔サ変[終]〕」と。娘のいは〔四[未]〕く〔接尾〕「我更に見る〔上一[終]〕べから〔意志[未]〕ず」と。〈中略〉（帝が娘に）「汝世にありがたく〔ク[用]〕孝養の心深し〔ク[終]〕。速やかに〔ナリ[用]〕我に従ふ〔四[終]〕べし〔命令[終]〕」と。

（母が娘に）「もしお前が出ていったならば、私は飢えてしまう」と（言う）。娘の言うことには「私は全く（出ていって帝の行列を）見るつもりはありません」と（言う）。（帝が娘に）「そなたはこの世でめったにないほどすばらしく親孝行の心が深い。すぐに私についてきなさい」と（おっしゃった）。

✔単語チェック

□さらに【更に】副
①全く〈↔打消〉
②そのうえ・新たに

□ありがたし【有難し】形ク
①めったにない
②（めったにないほど）すばらしい

問3 傍線部と同じ意味で使用されているものを、後の選択肢から選べ。（青山学院大）

さばかり酔ひなむ人は、その夜は起きあがるべきかは。（大鏡）

① わが背子が 来べき宵《よひ》なり ささがにの くものふるまひ かねてしるしも（古今集）
② 士《し》憂《うれ》へたまふことなかれ。必ず救いまゐらすべし。（雨月物語）
③ 家の作りやうは、夏をむねとすべし。（徒然草）
④ 見わたせば ひらのたかねに 雪消えて 若菜つむべく 野はなりにけり（続後撰和歌集）
⑤ 物ひと言、いひおくべきことあり。（竹取物語）

解説 問題文の「べき」は「起き上がることが**できる**だろうか」という意味に取るのが自然なので、文脈的に**可能**の用法だと判断できる。①の「べき」は下に体言（宵）があるので**当然（予定）**。②の「べし」は文脈から主語が一人称であると判断して**意志**。③は「家の造り方は（冬よりも）夏を念頭にするの**がよい**」という文脈なので**適当**。④は「雪が消えて若菜を摘むことが**できる**ようになる」という**可能**の意味で取れる。⑤は下に体言（こと）があるため**当然**。（答④）

【全文解釈】（品詞分解：動詞／形容詞／形容動詞／副詞／助動詞／助詞／ほかは無色 ※品詞表示無し＝名詞）

さばかり酔ひ（四［用］）な（完了［未］）む（婉曲［体］）人は、その夜は起きあがる（四［終］）べき（可能［体］）かは。

▽あのくらい酔ってしまったような人は、その夜は起き上がることができるだろうか、いやできるはずがない。

❖選択肢の訳

① 私の愛する人が来ることになっている宵である。（言い伝え通り）蜘蛛が巣作りをするその様子で前もってあの人が来ることを知ることだよ。
② あなた様は、心配なさってはなりません。必ずお救いいたしますから。
③ 家の造り方は、夏を念頭にするのがよい。
④ 周囲を見わたすと比良の高峰に雪が消えて、若菜を摘むことができるように野はなったのだったよ。
⑤ 一言、言っておくべきことがある。

✔単語チェック

□さばかり【然許り】副
①あのくらい・その程度
②大変

問4 傍線部の文法上の意味を答えよ。 （立命館大・学習院大）

「かの左衛門督《さゑもんのかみ》まかりなる__まじく__は、よしなし。なしたぶべきなり」と
申し給へば、 （大鏡）

解説▼「まじ」の意味も「べし」と同様に判別できる。主語が「左衛門督」という三人称であるから、意味は**打消推量**であると考える。 （答 **打消推量**）

【全文解釈】 （品詞分解：動詞／形容詞／形容動詞／副詞／助動詞／助詞／ほかは無色 ※品詞表示無し＝名詞）

「かの左衛門督まかりなる〔四［終］〕まじく〔打推［用］〕は、よしなし〔ク［終］〕。なし〔四［用］〕たぶ〔四［終］〕べき〔適当［体］〕なり」と
申し〔四［用］〕給へ〔四［已］〕ば、

「（兄の）左衛門督が蔵人の頭にならないのならば、▼つまらない。▼私を蔵人の頭に任命なさるがよい」と
申し上げなさったので、

単語チェック

- ★★★ **よしなし【由無し】** 形ク
  ①つまらない ②風情がない
- ★ **なす【為す・成す】** 動サ四
  ①する ②わざと…する ③（官職に）任じる
- **たぶ【給ぶ・賜ぶ】** 動バ四
  ①お与えになる ②お…になる・～くださる

第13回 助動詞 AUXILIARY VERB

推定の助動詞「めり・なり」

頻出度	学習時間	学習日
D	15分	／

❶ 要点整理

接続	基本形	未然形	連用形	終止形	連体形	已然形	命令形	活用の種類
終止形 ラ変 連体形	めり	○	（めり）	めり	める	めれ	○	ラ変
	なり	○	（なり）	なり	なる	なれ	○	

助動詞	意味	訳し方	備考
めり	① 推定	…ようだ	目で見た情報にもとづく根拠のある推定。 ㊥「花奉る**めり**」→「花をお供えする**ようだ**」
	② 婉曲	…ようだ・…と思われる	物事をはっきりと明言せず、やわらかく表すこと。 ㊥「人ごとにいう**めれ**ど、」→「世間の噂がいう**ようだ**が」
なり	② 推定	…ようだ	耳で聞いた情報にもとづく根拠のある推定。 ㊥「声す**なり**」→「声がする**ようだ**」
	① 伝聞《でんぶん》	…という・…だそうだ	人から話や噂を伝え聞いたときに用いる。 ㊥「なくなりたまひぬ**なり**」→「お亡くなりになった**そうだ**」

※「めり」の語源は「見え＋あり」（mieari → meri）と考えること。目の前に見えているものに対する推定を表す。

※「なり」の語源は「音《ね》＋あり」（neari → nari）と考えること。聞こえてくる音・声に対する推定を表す。

◉意味の出題割合

「めり」

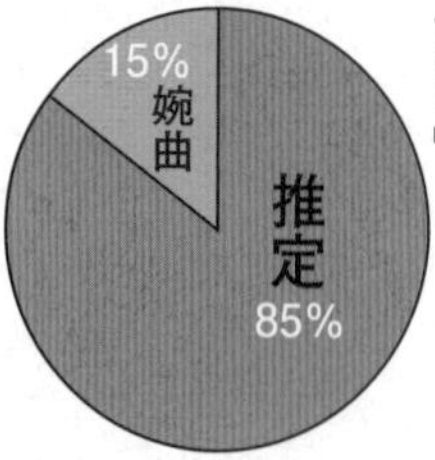

「なり」（伝聞・推定）

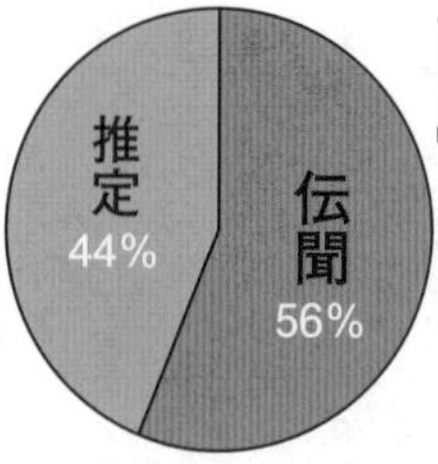

「めり」はほぼ「推定」で、「婉曲」も含めて「…ようだ」と訳すと覚えておけばよい。「なり」は若干「伝聞」の方が多い。

❷ 問題演習

問 1 空欄部(ア)・(イ)に最も適当な助動詞を、後の①〜⑤の中からそれぞれ選べ。

・人々は帰し給ひて、惟光の朝臣とのぞき給へば、〈中略〉尼なりけり。簾《すだれ》少しあげて、花奉る〔 (ア) 〕。（源氏物語）

・ただ一人、ねぶたきを念じて候ふに、「丑《うし》四つ」と奏すなり。「明けはべりぬ〔 (イ) 〕」とひとりごつを、（枕草子）

① む　② けむ　③ めり　④ まし　⑤ なり（推定）

解説 ▶選択肢の助動詞の**接続**で答えを絞り込む。①・④は**未然形**、②は**連用形**、③・⑤は**終止形**（ラ変は**連体形**）に接続する。

(ア)…空欄直前の「奉る」は四段活用動詞「奉る」の**終止形**または**連体形**。連体形接続の助動詞は選択肢にないので、空欄には**終止形**に接続する③か⑤が入る。**目の前に見えているもの**に対する推定を表す文脈なので、③の「めり」が適当。（答 ③）

(イ)…空欄直前の「ぬ」は完了の助動詞「ぬ」の**終止形**なので、空欄には**終止形**に接続する③か⑤が入る。**聞こえてくる音・声**に対する推定を表す文脈なので、⑤の「なり」（推定）が適当。（答 ⑤）

【全文解釈】

（品詞分解：■動詞／■形容詞／■形容動詞／■副詞／■助動詞／■助詞／ほかは無色 ※品詞表示無し＝名詞）

・人々は帰し給ひて、惟光の朝臣とのぞき給へば、〈中略〉尼なりけり。簾少しあげて、花奉るめり。

供人たちはお帰しになって、惟光の朝臣と（垣の内を）おのぞきになると、（その人は）尼であった。簾を少し上げて、花をお供えしているようだ。

・ただ一人、ねぶたきを念じて候ふに、「丑四つ」と奏すなり。「明けはべりぬなり」とひとりごつを、

（私は）ただ一人、眠たいのを我慢してお仕えしていると、「丑四つ（＝午前二時頃）」と（天皇に）申し上げるようだ。「夜が明けてしまったようだ」と（私が）独り言を言うと、

問2 傍線部(a)・(b)を現代語訳せよ。

・「いと心苦しく(a)物思ふなるはまことか。」（竹取物語）

・「もののあはれは秋こそまされ。」と、(b)人ごとに言ふめれど、（徒然草）

解説

(a)…傍線部は「物思ふ／なる／は／まこと／か」と品詞分けできる。「物思ふ」は「物思いにふける」

✔単語チェック

□ひとりごつ【独りごつ】動バ四
①独り言を言う ②つぶやく

という意味。「なる」は、伝聞・推定の助動詞「なり」の連体形で、下に付く**体言が省略**されて助詞（は）が直接きている形であると判断できる。「まことか」は「本当か」という意味なので、文脈的にこの助動詞「なり」は**伝聞**の意味で訳す方が自然である。

（答）物思いにふけっているというのは本当か

(b)…傍線部は「人ごと／に／言ふ／めれ／ど」と品詞分けできる。「人ごと」は「世間の噂」という意味。「めれ」は助動詞「めり」の已然形だと判断できる。ここでは文脈上、「めり」は**婉曲**＊1の意味で取る。助動詞「めり」は、推定でも婉曲でも、いずれにせよ「**…ようだ**」と訳しておけばよい。

（答）世間の噂では言うようだが

【全文解釈】

（品詞分解：動詞／形容詞／形容動詞／副詞／助動詞／助詞／ほかは無色 ※品詞表示無し＝名詞）

1 ・「いと心苦しく《シク[用]》もの思ふ《四[終]》なる《伝聞[体]》はまことか。」

「大変切なくもの思いにふけっているというのは本当か。」

2 ・「もののあはれは秋こそまされ《四[已]》。」と、人ごとに言ふ《四[終]》めれ《婉曲[已]》ど、

「もののあはれは秋が勝っている。」と、世間の噂が言うようだが、

◆補足説明

＊1…婉曲の意味をもつほかの助動詞「む・らむ・けむ」とは違い、助動詞「めり」は下に体言（助詞）がなくても婉曲の意味になることがある。なお、助動詞「めり」の二つの意味「推定・婉曲」は区別が難しい場合があるので、意味判別が問われることは少ない。助動詞「めり」を見たら「…ようだ」と訳しておけばよい。

第14回

助動詞

AUXILIARY VERB

断定の助動詞「なり・たり」

頻出度
S
学習時間
15分
学習日
／

1 要点整理

接続	基本形	未然形	連用形		終止形	連体形	已然形	命令形	活用の種類
連体形 体言	**なり**	なら	なり	に	なり	なる	なれ	なれ	**形容動詞**（ナリ活用）
体言	**たり**	たら	たり	と	たり	たる	たれ	たれ	**形容動詞**（タリ活用）

助動詞	意味	訳し方	備考
なり	①**断定《だんてい》**	…である	物事をはっきり判断し、定めること。 ㊄「よき方の風**なり**。」→「いい方向に吹く風**である**。」
	②**存在《そんざい》**	…にある・…にいる	その場所に存在することを表す（＊1）。 ㊄「春日**なる**」→「春日**にある**」
たり	①**断定**	…である	物事をはっきり判断し、定めること。 ㊄「嫡男**たる**によって」→「長男**である**ことによって」

※断定の助動詞「なり」の語源は、「…である」という意味を表す「に＋あり」（niari → nari）と考えること。

※断定の助動詞「なり」と伝聞・推定の助動詞「なり」を間違えないように注意。

※完了の助動詞「たり」と断定の助動詞「たり」の区別は「接続」でわかる。

◉意味の出題割合

「なり」（断定）

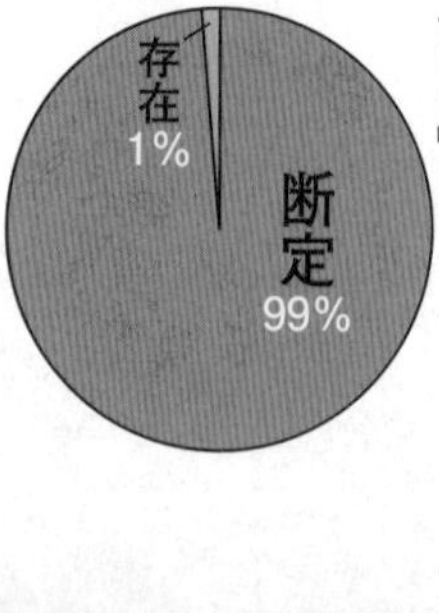

「なり」の意味は99％「断定」で、「存在」で問われることは極めて稀。助動詞「たり」は中世の軍記物語以外ではほぼ使われていないので、頻出度は低い。

◆補足説明

＊1…断定の助動詞「なり」には**断定**と**存在**の二つの意味があるが、上にある体言が「**場所・地名**」である場合に**存在**の意味になる。

㊄春日なる三笠の山（訳：春日**にある**三笠の山）

❷ 問題演習

問1 傍線部の助動詞の文法上の意味と活用形をそれぞれ答えよ。（國學院大）

1 ・今は亡き人なれ(a)ば、かばかりのことも忘れがたし。（徒然草）

2 ・父《ちち》たら(b)ずといふとも、子もて子たらずんばあるべからず。（平家物語）

解説

(a)…「人」という**体言**に接続しているので、**断定**の助動詞「なり」の**已然形**だと判断できる。＊2 伝聞・推定の「なり」は終止形（ラ変は連体形）接続。（答 断定・已然形）

(b)…助動詞の「たり」には、**連用形**に接続する完了の助動詞「たり」と、**体言**に接続する断定の助動詞「たり」の二つがある。傍線部の「たら」は、「父」という**体言**に接続しているので、**断定の助動詞「たり」の未然形**であるとわかる。（答 断定・未然形）

【全文解釈】（品詞分解：■動詞／■形容詞／■形容動詞／■副詞／■助動詞／■助詞／ほかは無色 ※品詞表示無し＝名詞）

1 ・今は亡き（ク[体]）人なれ（断定[已]）ば、かばかりのことも忘れ（下二[用]）がたし（ク[終]）。

今は亡くなっている人であるので、これほどのことも忘れがたい。

2 ・父たら（断定[未]）ずといふ（四[終]）とも、子もて（連語）子たら（断定[未]）ずんばある（ラ変[体]）べから（当然[未]）ず。

父が父らしくなくても、子ゆえに子らしくしていなければならない。

＊2…断定の助動詞「なり」は、「なら｜なり・に｜なり｜なる｜なれ｜なれ」と活用する。文脈的に命令ではないので、已然形と判断できる。また、「なれ」の下に、未然形か已然形に接続する接続助詞「ば」（→86頁）があるので、この「なれ」は已然形だという判断もできる。

✔ 単語チェック

□かばかり 副 ①これほど ②こんなにも

□もて【以て】連語 ①…でもって…で ②…から…ゆえに
※「もちて」の促音便「もって」の「っ」が表記されない形。

問2 傍線部(a)〜(d)の「に」のうち、助動詞の「に」であるものを記号ですべて答えよ。

1 ・仏はいかなるものに(a)か候ふらん。（徒然草）

2 ・京に(b)思ふ人なきに(c)しもあらず。（伊勢物語）

3 ・翁やうやう豊かに(d)なりゆく。（竹取物語）

解説 ▼付属語で「に」の形を取る助動詞は、次の二つのみ。

①完了の助動詞「ぬ」の連用形…［な｜**に**｜ぬ｜ぬ｜ね｜ね］

②断定の助動詞「なり」の連用形…［なら｜なり・**に**｜なり｜なる｜なれ｜なれ］

このうち、①は**連用形**接続で、②は**連体形**または**体言**に接続する。語の識別では、まず最初に「接続」で区別していくのが基本。

(a)…「もの」という**体言**に接続し、文脈も「いかなるもの**である**のでしょうか」と訳せるので、②の助動詞であると判断できる。*1

(b)…「京」という**体言**に接続し、「…に」という場所を示しているので、格助詞の「に」（☞120頁）。

(c)…形容詞「なし」の**連体形**（なき）に接続し、「…がない（の**である**ということもない）」という意味に取れるので、②の助動詞であると判断できる。

(d)…ナリ活用の形容動詞「豊かなり」の連用形（豊かに）の一部。

「に」の識別は、文法事項を一通り修得してからでないと難しいので、詳しくは第22回（☞120頁）にて改めて解説する。

（答 (a)・(c)）

◆補足説明

＊1…「に」の下に係助詞（ぞ・なむ・や・か・こそ・は・も）や**ラ変動詞**（「あり」や「侍り」）が続き、「…で」と訳す場合、「に」は断定の助動詞であると考えてよい。

例 この国の人に**もあら**ず。
（この国の人ではない）
人に**やあら**む。
（人であるのだろうか）

※この形のとき、係助詞とラ変動詞のどちらかが省略されることも多い。

【全文解釈】

（品詞分解：動詞／形容詞／形容動詞／副詞／助動詞／助詞／ほかは無色 ※品詞表示無し＝名詞）

1
・仏はいかなる《ナリ[体]》ものに《断定[用]》か候ふ《四[終]》らん《現推[体]》。
仏はどのような存在であるのでしょうか。

2
・京に思ふ《四[体]》人なき《ク[体]》に《断定[用]》しもあら《ラ変[未]》ず。
京に思っている人がいないこともない。

3
・翁▼やうやう豊かに《ナリ[用]》なり《四[終]》ゆく。
翁はだんだん裕福になっていく。

✔単語チェック

□やうやう【漸う】副 ★★★
①だんだん

第15回 助動詞 AUXILIARY VERB

打消の助動詞「ず」

頻出度 S
学習時間 10分
学習日 ／

❶要点整理

接続	基本形	未然形	連用形	終止形	連体形	已然形	命令形	活用の種類
未然形	ず	(な)	(に)		ぬ	ね		特殊
		(ず)	ず	ず				
		ざら	ざり		ざる	ざれ	ざれ	

助動詞	意味	訳し方	備考
ず	①打消《うちけし》	…ない・…ぬ	動詞が表す動作・作用・存在・状態などを否定する。 例「人見知ら**ず**。」→「誰も知ら**ない**。」

◆補足説明

「ず」の活用表の左端（ざら—ざり—○—ざる—ざれ—ざれ）は、形容詞の「カリ活用」と同じで、下に**助動詞**が付くときに使われる形。「ず」にラ変動詞「あり」が付いてできたとされる。

例「〜**ず**《zu》＋**あり**《a》」→「〜**ざり**《za》」

なお、活用表の（　）の部分は用例が極めて少ない。

❷問題演習

問1 次の文中から打消の助動詞「ず」をすべて抜き出し、合わせてその活用形を記せ。（関西学院大）

伊豆の守これをつたへ聞き、「身に代へて思ふ馬なれども、権威について、取らるるだにもあるに、馬ゆゑ仲綱《なかつな》が、天下のわらはれぐさとならんずるこそ安からね」とて、大きに憤《いきどほ》られければ、〈中略〉私《わたくし》には思ひも立たず、宮をすすめ申したりけるとぞ、後《のち》には聞こえし。

（平家物語）

解説▼打消の助動詞「ず」は、右頁の表のとおり特殊な活用をする。[3]行目「安からね」の「ね」は、「ず」の已然形。この「ね」は文末にあるが、文中にある係助詞「こそ」の係結び（☞92頁）により**已然形**になっている。また、同じ[3]行目「思ひも立たず」の「ず」も打消の助動詞。「ず」の形を取るのは（未然形の「ず」はほぼ用例がないので）連用形か終止形である。ここでは、「ず」の下に「、」があり文が続くので、**連用形**である。

（答 ね（已然形）・ず（連用形））

【全文解釈】

（品詞分解：動詞／形容詞／形容動詞／副詞／助動詞／助詞／ほかは無色　※品詞表示無し＝名詞）

[1] **伊豆の守これをつたへ聞き、「身に代へて思ふ馬なれども、権威について、**

伊豆の守はこのことを伝え聞き、「わが身に代えてもと大事に思う馬であるが、権力にまかせて、

[2] **取らるるだにもあるに、馬ゆゑ仲綱が、天下のわらはれぐさとならんずる**

奪われるだけでも口惜しいのに、その馬のために私仲綱が、天下の笑われる種となるようなのは

[3] **こそ安からね」とて、大きに憤られければ、〈中略〉私には思ひも立たず、**

心中穏やかではない」と言って、おおいに憤慨なさったので、自身では事を起こさず、

[4] **宮をすすめ申したりけるとぞ、後には聞こえし。**

高倉宮（＝以仁王）に（平家打倒の計画を）お勧めしたのだと、後に噂されました。

◆その他の助動詞

その他の助動詞として、希望〔…たい・…てほしい〕の助動詞「**たし**・**まほし**」と、比況〔…のようだ〕の助動詞「**ごとし**」がある。あまり問われることはないが、前見返しにある助動詞活用表を一通り参照しておくこと。

✔単語チェック

□くさ【種】名
①物事の原因・たね
②種類・品

□★★やすし【安し・易し】形ク
①心が穏やかだ
②簡単である

COLUMN 名歌の中の重要文法②

小野小町

～原因推量・反実仮想・夢の古文常識～

思ひつつ 寝ればや 人の見えつらむ 夢と知りせば さめざらましを

（『古今和歌集』・恋・五五二・小野小町）

【訳】（愛しい人を）思いながら眠ったので、その人が夢に現れたのかしら。夢だとわかっていたら、目をさまさなかったのになあ。

平安時代は、愛しい人のことを思いながら眠ると、その人が夢に現れると信じられていました。夢からさめると、せっかく逢えた人がいなくなっている。しまった。夢だと気づいていたら、目をさますことなどなかったのに、と詠んでいるんです。言葉をむやみに飾らず、ポンと目の前に本心を投げ出して見せたような言い回しが本当に魅力的な歌ですね。詠み手の小野《おのの》小町《こまち》は美女の誉《ほま》れ高《たか》い女性。そんな人にこのように言われては、それこそ夢心地になってしまいますよね。

「寝ればや」の「寝れ」はナ行下二段活用動詞「寝《ぬ》」の已然形。「ば」は接続助詞で、已然形に接続し、「…ので」と訳す原因・理由の用法。「らむ」は、原因推量（〔どうして／なので〕…なのだろう）の助動詞「らむ」の連体形。ここが（終止形ではなく）連体形になっているのは、「寝ればや」の「や」が文末を（係結びで）連体形にする疑問の係助詞だからです。「～せば…まし」は「もし～だったら、…だろうに」と訳す反実仮想の用法。これらの重要文法が、本書を終える頃には全部理解できるようになりますよ。

第３章 助詞

◆出現回数が最も多い品詞

現代文でも古文でも、日本語の文章中に最も出てくる回数の多い品詞が、この「助詞」です。本書３頁にあるとおり、約１０００回分の入試問題（の傍線部等）を集計・分析したところ、助動詞が約６０００回出現したのに対し、助詞は約１万回出現しました。特に「格助詞」と「接続助詞」は出現回数が多く、用法も多岐にわたるので、かなりの学習が必要です。ただ、現代語と同じ用法も多いので、それほど修得の負荷が高いわけではありません。現代語にはない用法を中心に学習していきましょう。

「係助詞」は、格助詞に次いで出現回数の多い助詞で、「係結び」という特殊な文法や「疑問・反語」の用法の判別など、問題（得点）に強く関係することが多い最重要の助詞です。

「副助詞」や「終助詞」は、頻出度は比較的低く、用法も割とシンプルですが、入試で直接問われることもあるので要注意です。

格助詞「が・の」

頻出度 S

学習時間 15分

学習日 ／

1 要点整理

① 「助詞」は**付属語**のうち**活用しない**ものである。

② 助詞は、主に自立語の下に付き、その自立語とほかの語句（文節）との関係を示したり、色々な意味を添えたりする働きがある。（☞助詞の種類は後見返しの「助詞一覧」を参照）

③ **格助詞**は、主に体言の下に付き、その体言の文中における位置付け（格付け）をする助詞である。

④ 格助詞の中でも特に重要なのが「**が**」と「**の**」の二つである。

※その他の格助詞は、基本的に現代語と同じ感覚で読解すればよい。

接続	基本形	用法	訳し方	備考
体言（連体形）	が の	①主格《しゅかく》	～が	上の語が主語であることを示す用法。例「雪**の**降りたるは」→「雪**が**降っている朝は」
		②連体格《れんたいかく》	～の	上の語が連体修飾語（下の体言を修飾する語）であることを示す用法。例「竹取**が**家に」→「竹取の翁**の**家に」
		③同格《どうかく》	～で	前後の語句がイコールであるという関係を示す用法。例「若き女**の**、死にて臥したるあり」→「若い女**で**、死んで横たわっている女がいる」
		④準体格《じゅんたいかく》	～のもの	体言の代用として使われる用法。例「大納言**の**はめでたく、」→「大納言**のもの**はすばらしく、」
		⑤比喩《ひゆ》	～のような・～のように	「の」だけの（「が」にはない）用法。例「例**の**集まりぬ」→「いつも**のように**集まった」

◉用法の出題割合

「が」

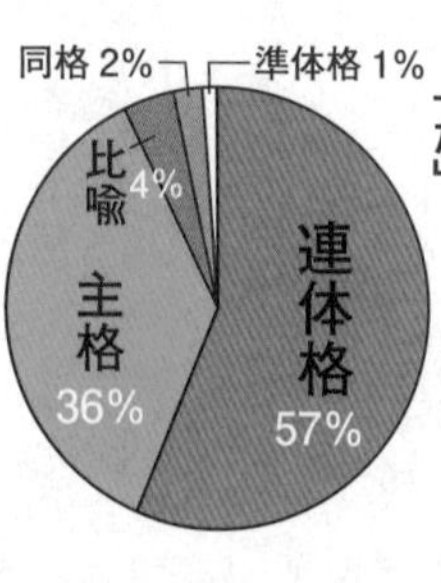

「の」

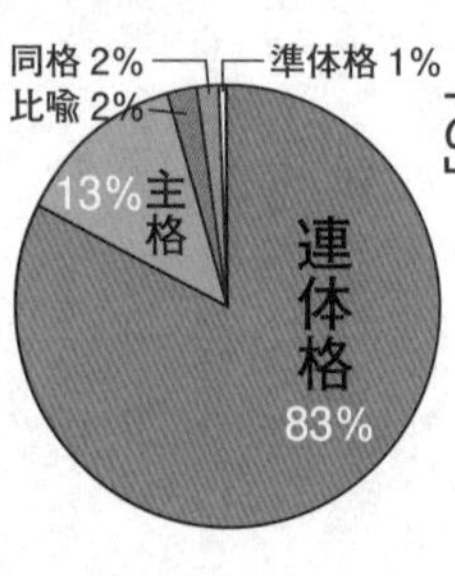

「**が**」の連体格と「**の**」の**主格**は、現代語の感覚と異なるので注意。稀に使用される**同格**や**比喩**が直接問われることも多い。

❷ 問題演習

問1 次の傍線部の「の」と同じ用法の「の」を、後の①〜④の中から選べ。

年頃いとほしく思ふ娘の四つになるが、振り分け髪も肩過ぎぬほどにて、（西行物語）

① 草の花は、なでしこ。唐のはさらなり。
② 春の色の いたりいたらぬ 里はあらじ 咲ける咲かざる 花の見ゆらむ
③ 月くまなくさしあがりて、空のけしきも艶なるに、
④ 大きなる柑子の木の、枝もたわわになりたるが、周りをきびしく囲ひたりしこそ、

解説 問題文の「娘の」は、後に続く「四つになる」の「なる【成る】」が**連体形**で、「なる」の下に「娘」を補うことができる。このような場合は**同格**の用法であると解釈できる。①は「〜のもの」と訳す準体格用法。②は「〜が」と訳す主格用法。③は下の「けしき」という体言を修飾する連体格用法。④は、後ろにある「たる」が存続・完了の助動詞の「たり」の**連体形**であり、「たり」の下に「木」を補うことができるので、**同格**用法。（答④）

【全文解釈】

（品詞分解：動詞／形容詞／形容動詞／副詞／助動詞／助詞／ほかは無色 ※品詞表示無し＝名詞）

年頃いとほしく〔シク[用]〕思ふ〔四[体]〕娘の〔格助〕〈同格〉四つになる〔四[体]〕が〔格助〕〈主格〉、振り分け髪も肩過ぎ〔上二[未]〕ぬ〔打消[体]〕ほどにて〔断定[用]〕、

長年愛しく思う娘で四つになるその娘が、振り分け髪も肩を越さない程度で、

❖選択肢の訳

① 草の花は、撫子（が良い）。中国の花は今更言うまでもない。
② 里の中で春の気配が至ったり至っていなかったりする場所はないだろう。（なのに）花の咲いているところと咲いていないところがあるのはどうしてだろう。
③ 月が陰りがなく空に昇って、空の様子も優美なときに、
④ 大きなみかんの木で、枝もたわわに実ったのがあり、そのまわりを厳重に囲んであったのは、

✔単語チェック

★★ □いとほ《オ》し 形シク
①気の毒だ ②愛しい

問2 **傍線部「の」と同じ使い方の「の」を、後の①～⑤の中から選べ。**（明治大）

見れば、三十余ばかりなる僧の細《ほそ》やかなる、目をも人に見合はせず、ねぶり目にて時々阿弥陀仏《あみだぶつ》を申す。（宇治拾遺物語）

① 集ひたる者どもの顔を見れば
② この僧は紙の衣、袈裟《けさ》などを着て、乗りたり。
③ うちまきを霰《あられ》の降るやうにまき散らす。
④ 男の、川へくだりて、「よく見ん」とて立てるが、この聖の手を取りて、
⑤ 瓜を人のもとへやりける文の上書に、「前の入水の上人」と書きたりけるとか。

1　2

解説 問題文の「の」は、後ろにナリ活用の形容動詞「細《ほそ》やかなり」（訳：ほっそりしている）の**連体形**（細やかなる）があることに注目。格助詞「が・の」の下に**連体形**があり、その連体形の下に、「が・の」の上にある**体言**が省略されている形であると考えられる場合、「が・の」は**同格**の用法になる（➍）。傍線部は、「30歳くらいの**僧で**ほっそりしている（その）**僧が**、」という**同格**の意味で解釈できる。

①・②・⑤…「が・の」の下に**体言**が続く場合、**連体格**の用法である（ことが多い）（➌）。

③…「霰の」の下に**用言**「降る」が続いている（＝「霰の」が「降る」の主語になっている）ので、この「の」は**主格**の用法である（➋）。

意味判別法（が・の）

❶ **たとえ**（夢・雲・露・例など）＋「の」➡**比喩**
❷「が・の」…**用言**➡**主格**
❸「が・の」＋**体言**➡**連体格**
❹「が・の」…**連体形**（下の体言が省略されている）➡**同格**
❺「が・の」＋断定の助動詞「**なり**」（または**助詞**）➡**準体格**
❻「が・の」＋、（**読点**）➡**主格か同格**

❖選択肢の訳

① 集まっている者たちの顔を見たところ、
② この僧は、紙の衣類、袈裟などを着て、乗った。
③ 打ち撒き（の米）を霰が降るようにまき散らす。
④ 男で、川へ降りて、「よく見よう」と思って立っていた（その）男が、
⑤ 瓜をある人のもとに送った手紙の上書きに「先の入水の上人」と書いてあったとか。

④…「男の、」の下方にある「立てるが、」に着目。「立てる」の「る」は存続の助動詞「り」の**連体形**であり、この直後に「男の、」と同じ体言「男」が省略されていると見て、**同格**の用法であると考えられるので、これが正解。ちなみに、格助詞「が・の」の下に「、」が付いた形は、**主格**か**同格**の用法であることが多い（⬇❻）。（答 ④）

【全文解釈】

（品詞分解：■動詞／■形容詞／■形容動詞／■副詞／■助動詞／■助詞／ほかは無色 ※品詞表示無し＝名詞）

1 **見れ《上一[已]》ば、三十余ばかりなる《断定[体]》僧の《格助》細やかなる《ナリ[体]》、目を《格助》も人に《格助》見合はせ《下二[未]》ず《打消[用]》、**

見たところ、30歳くらいの僧でほっそりしている（その）〈同格〉僧が、目を人と見合わさず（＝人と目を合わせず）、

2 **ねぶり目にて《格助》時々阿弥陀仏を《格助》申す《四[終]》。**

眠そうな目つきで、時々阿弥陀仏の名号を申し上げる。

格助詞には、「が・の」のほかにも、「**して・を・に・へ・と・より・から・にて**」があります。このうち、「**して**」*1の三つの用法と「**より**」*2の用法の一部は現代ではほぼ使われていないので注意が必要ですが、ほかは現代語と同じ感覚でだいたい理解できると思います。

✔単語チェック

□ほそやかなり【細やかなり】
形動ナリ ①ほっそりしている

□ねぶりめ【眠り目】名
①眠そうな目つき

*1…格助詞「**して**」は、頻出度は高くないものの、現代語にはない格助詞なので要注意。

①**方法・手段**（〜で）
例 禅尼手づから小刀して切り廻しつつ、（禅尼が自分の手で小さな刀**で**あちこちを切り回しつつ、）

②**使役の対象**（〜に〔命じて〕）
例 人して、惟光召させて、（人**に命じて**、惟光をお呼ばせになって、）

③**動作の共同者**（〜と〔共に〕）
例 一人二人して行きけり。（1人2人**と共に**行った。）

*2…格助詞「**より**」は、**経由**（〜を通って）・**方法・手段**（〜で）・**即時**（〜するやいなや）の三つだけが現代語の感覚と異なるので要注意。

第17回 助詞 PARTICLE

接続助詞「を・に・が・ば・で」

頻出度	学習時間	学習日
A	20分	／

❶要点整理

① 接続助詞とは、文と文をつなぐ働きをする助詞である。
※接続助詞の下には基本的に読点（、）が付く。

② 接続助詞の中でも特に重要なのが次の五つ。「**接続**」がそれぞれ異なる点にも注意。

接続	基本形	用法	備考
連体形	を・に	①**単純《たんじゅん》な接続《せつぞく》**（…〔する〕と・…が） ②逆接《ぎゃくせつ》の確定条件《かくていじょうけん》（…だが） ③順接《じゅんせつ》の確定条件〔原因・理由〕（…ので）	**単純な接続**…前後の文に因果関係はなく、単純に二つの文をつなぐだけの接続。 **順接**…前後の文が予想通り（順当）に接続する関係。 ⇔ **逆接**…前後の文が予想外（反対）に接続する関係。
連体形	が	①**単純な接続**（…すると） ②逆接の確定条件（…だが）	
未然形	ば	①順接の仮定条件（〔もし〕…ならば）	**仮定条件**…まだそうなっていないことを仮定する表現。 ⇔ **確定条件**…すでに確定していることを前提とする表現。
已然形	ば	①順接の確定条件 (a)原因《げんいん》・理由（…ので） (b)**偶然《ぐうぜん》・必然《ひつぜん》**（…すると）	
未然形	で	①打消接続（…ないで）	前の文を打ち消して（否定して）、後ろの文につなぐ接続。

●用法の出題割合

「を・に」

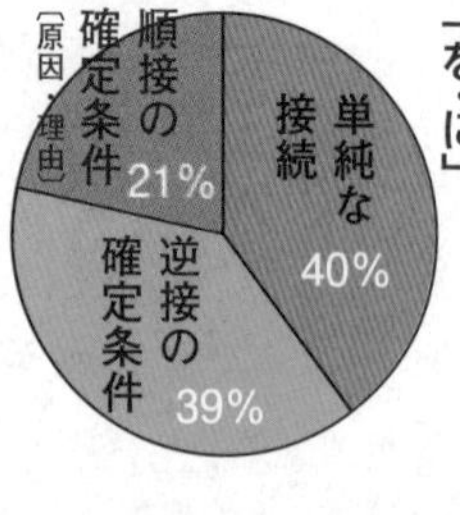

※「**が**」は約86%が「逆接の確定条件」の用法。

「ば」

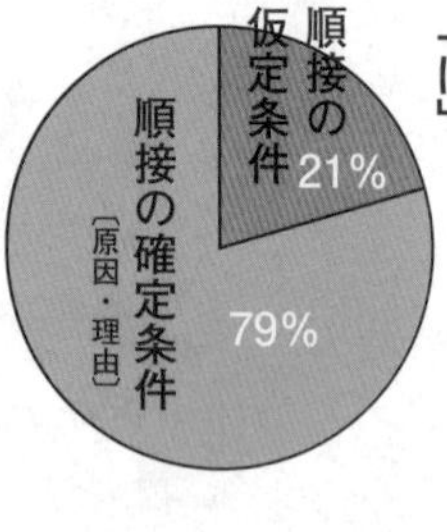

「未然**形**＋ば、」は**順接の仮定条件**、「已然**形**＋ば、」は**順接の確定条件**（原因・理由）になる。「ば」は大半が後者の用法。

❷ 問題演習

問 1 傍線部(a)～(d)の語の活用形をそれぞれ答えよ。（東洋大）

1 妻戸《つまど》のあきたる隙《ひま》を何心もなく見入れたまへる(a)に、女房《にょうばう》のあまた見ゆれ(b)

2 ば、立ちとまりて(c)、音もせ(d)で見る。

（源氏物語）

解説 ▼接続助詞は接続がそれぞれ異なることに注意すること。

(a)…接続助詞「を・に・が」は**連体形**接続。完了・存続の助動詞「り」の連体形。　答 連体形

(b)…接続助詞「**ば**」は**未然形**か**已然形**に接続する。「見ゆれ」は、見［え―え―ゆ―ゆる―**ゆれ**―えよ］と活用する下二段活用動詞「見ゆ」の**已然形**。　答 已然形

(c)…接続助詞「つつ・ながら・て[*1]・して」は**連用形**接続。「立ちどまり」は、立ちどま［ら―**り**―る―る―れ―れ］と活用する四段活用動詞の連用形。　答 連用形

(d)…「せ」はサ行変格活用「す」の未然形か連用形。接続助詞「**で**」は**未然形**接続。　答 未然形

【全文解釈】（品詞分解：動詞／形容詞／形容動詞／副詞／助動詞／助詞／ほかは無色　※品詞表示無し＝名詞）

1 妻戸の(格助)あき(四[用])たる(存続[体])隙を(格助)何心もなく(ク[用])見入れ(下二[用])たまへ(四[已])る(存続[体])に(接助)、女房の(格助)あまた見ゆれ(下二[已])

妻戸が〈主格〉開いているすき間を何気なくのぞいていらっしゃっていると、〈単接〉女房が〈主格〉たくさん見えた

2 ば(接助)、立ちとまり(四[用])て(接助)、音も(係助)せ(サ変[未])で(接助)見る(上一[終])。

〈原因〉ので、立ち止まって、〈単接〉音も立てないで〈打接〉見る。

◆**補足説明**

＊1…接続助詞の「て」「して」は、**連用形**に接続し、**単純な接続**（…て・…で）を表す。

☑ **単語チェック**

□★ みいる【見入る】動ラ下二
①外から中を見る・のぞく

□★★★ **あまた**【数多】副
①たいして〈↓打消〉
②たくさん

問2 **(訳)**を参照して、空欄〔　　〕に入るべき言葉を、後の①〜⑤の中から選べ。（明治大）

（男が）「前の度仔細《しさい》は承《うけたまわ》り候ひにき」と申せば、（神は）「〈中略〉これをいかでかなんぢに告げ〔　　〕はあらむと思つて告ぐるなり」と仰せ給ふ。（今昔物語集）

① む　② て　③ じ　④ で　⑤ てむ

(訳)（男が）「前のときに事情は伺っております」と申し上げると、（神は）「このことを、お前に**知らせないではおられようか**と思って告げるのである」とおっしゃる。

解説▶「知らせ**ない**で**は**おられようか」と二つの動詞を接続しているので、空欄には**打消接続**の用法をもつ④の接続助詞「で」が適当。（答④）

【全文解釈】

（品詞分解：動詞／形容詞／形容動詞／副詞／助動詞／助詞／ほかは無色　※品詞表示無し＝名詞）

（男が）「前の度仔細は承り候ひにき」と申せば、（神は）「〈中略〉これをいかでかなんぢに告げではあらむと思つて告ぐるなり」と仰せ給ふ。

（その男が）「前のときに詳しいことは伺っておりました」と申し上げたところ、（神は）「このことをどうしてお前に知らせないではおられようかと思って知らせるのである」とおっしゃる。

✔単語チェック

□しさい【仔細】名
①詳しいこと・理由 ②支障

問3 傍線部「に」の文法上の意味として最も適当なものを、後の①～⑤の中から選べ。（中央大）

一つの庵《いほり》を結ぶ。これをありしすまひにならぶるに、十分が一なり。（方丈記）

① 接続助詞　② 格助詞　③ 副詞の語尾
④ 助動詞の連用形　⑤ 形容動詞の語尾

解説▼ 傍線部の「に」は、下に読点（、）があることや、並［べ―べ―ぶ―**ぶる**―ぶれ―べよ］と活用する下二段活用動詞「並《なら》ぶ」の**連体形**（ならぶる）に接続している（＝連体形接続である）こと、また文脈から考えて、**接続助詞**「に」の単純接続の用法だと判断できる。（答 ①）

【全文解釈】
（品詞分解：動詞／形容詞／形容動詞／副詞／助動詞／助詞／ほかは無色　※品詞表示無し＝名詞）

一つの（格助《連体格》）庵を（格助）結ぶ（四［終］）。これを（格助）あり（ラ変［用］）し（過去［体］）すまひに（格助）ならぶる（下二［体］）に（接助《単接》）、十分が（格助《連体格》）一なり（断定［終］）。

（私は）一つの草庵を構える。この草庵を以前の家と比較すると、10分の1である。

✔単語チェック
□ならぶ【並ぶ】動バ下二
①並ばせる／そろえる
②比較する

問4 傍線部(a)・(b)をそれぞれ文法的に説明せよ。（東京都立大） 1

わびぬれば(a) 身をうき草の 根を絶えて さそふ水あらば(b) 去なんとぞ思ふ （無名草子） 2

解説

(a)…「ば」の上にある「ぬれ」は、［な—に—ぬ—ぬる—**ぬれ**—ね］と活用する完了の助動詞「ぬ」の**已然形**。「已然形＋ば、」は**順接の確定条件（原因・理由）**（…ので）を表す用法。和歌では読点（、）が省略されるので要注意。

（答）順接の確定条件（原因・理由）を表す接続助詞「ば」

(b)…「ば」の上にある「あら」は、［**あら**—あり—あり—ある—あれ—あれ］と活用するラ行変格活用動詞「あり」の未然形。「未然形＋ば、」は**順接の仮定条件**（〔もし〕…ならば）を表す用法。

（答）順接の仮定条件を表す接続助詞「ば」

【全文解釈】（品詞分解：■動詞／■形容詞／■形容動詞／■副詞／■助動詞／■助詞／ほかは無色 ※品詞表示無し＝名詞） 1

わび（上二[用]）ぬれ（完了[已]）ば（接助）〈原因〉 身を（格助）うき草の（格助）〈連体格〉 根を（格助）絶え（下二[用]）て（接助）〈単接〉 さそふ（四[体]）水あら（ラ変[未]）ば（接助）〈仮定〉 去な（ナ変[未]）ん（意志[終]）と（格助）ぞ思ふ（四[体]）

▼（私は）気が弱くなってしまったので、この身を浮き草の根が離れてさまよっているように（思って）、誰か誘う人がいたら、ここを去って（ついて）いこうと思うのです。

✔単語チェック

□★★わぶ【侘ぶ】動バ上二 ①…しかねる ②気弱になる

□★★いぬ【往ぬ・去ぬ】動ナ変 ①去る・（時が）過ぎ去る ②死ぬ

問5 傍線部の現代語訳として最も適当なものを、後の①～⑤から選べ。（関西学院大）

船も出ださで、**いたづらなれば**、ある人の詠める、

磯ふりの 寄する磯には 年月を いつともわかぬ 雪のみぞ降る

（土佐日記）

① 何も役に立たないので
② 何もすることがないので
③ なんの悪意もないのだが
④ 悪ふざけではあるが
⑤ あまり上手ではないが

解説▶「いたづらなれ」*1は、「役に立たない・無駄だ／**退屈だ**・暇だ」などと訳す形容動詞「いたづらなり」の**已然形**。「已然形＋ば、」は順接の確定条件（**原因・理由**）（…ので）の用法となる。船も出さないで、何もできず、退屈である（から歌を詠む）という心情を本文から読み取ると、最も適当な現代語訳は②である。

（答 ②）

【全文解釈】

（品詞分解：■動詞／■形容詞／■形容動詞／■副詞／■助動詞／■助詞／ほかは無色 ※品詞表示無し＝名詞）

船も出ださ[四[未]]で[接助《打接》]、▼いたづらなれ[ナリ[已]]ば[接助《原因》]、ある人の[格助《主格》]詠め[四[已]]る[完了[体]]、

船も出さないで、退屈だったので、ある人が詠んだ歌（は以下のとおり）、

磯ふりの[格助《主格》] 寄する[下二[体]]磯に[格助]は 年月を[格助] いつと[格助]もわか[四[未]]ぬ[打消[体]] 雪のみぞ降る[四[体]]

荒海がよせる磯には、一年中どの季節だと定めることのできない雪のような白い波が降っていることよ。

◆補足説明

*1…「いたづらなり」は、いたづら[なら―なり・に―なり―なる―なれ―なれ]と活用する。命令形は**文末**で用いられるものであり、また「なれ」の下には接続助詞の「ば」（＝未然形または**已然形**接続）が付いているので、この「いたづらなれ」は**已然形**だと判断できる。

✔単語チェック

□★★★ **いたづらなり**【徒らなり】
形動ナリ ①役に立たない・無駄だ ②退屈だ・暇だ

係助詞「ぞ・なむ・や・か・こそ・は・も」

頻出度 S
学習時間 20分
学習日 ／

1 要点整理

① 係助詞とは、文中（用言の上）にあり、強調する点、疑問となる点などを示す助詞である。

② 文はふつう終止形（または命令形）で終わるが、文中に係助詞がある場合には、文末の活用語[*1]は**連体形**や**已然形**に変化する。この対応関係のことを「**係結《かかりむす》び**」という。

※文末の形を変化させることによって通常との違いを出し、「強調」する狙いがある。

③ 係助詞には、文末を**連体形**にする「**ぞ・なむ（なん）・や・か**」、文末を**已然形**にする「**こそ**」、文末の形を**変化させない**「**は・も**」の七つがある。

接続	基本形	用法	文末の活用形
様々な語	ぞ	①強意《きょうい》（訳す必要なし）	連体形
	なむ		
	や	①疑問（…〔だろう〕か） ②反語《はんご》（…〔だろう〕か、いや…ない）	
	か		
	こそ	①強意（訳す必要なし）	已然形
	は	①強意など（訳す必要なし） ※現代語（口語）とほぼ同じ用法だと考えてよい。	（変化なし）
	も		

◉用法の出題割合

「や」

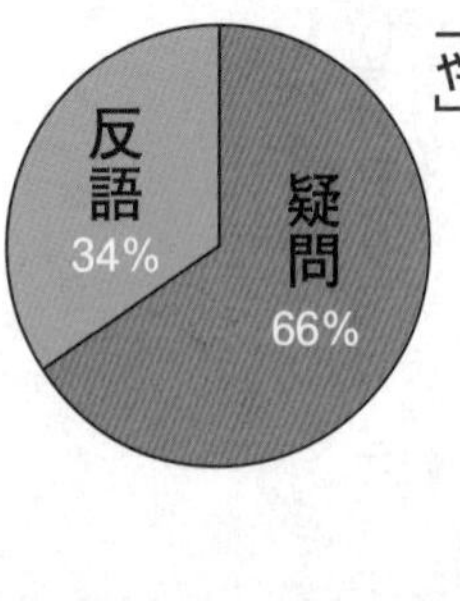

「か」

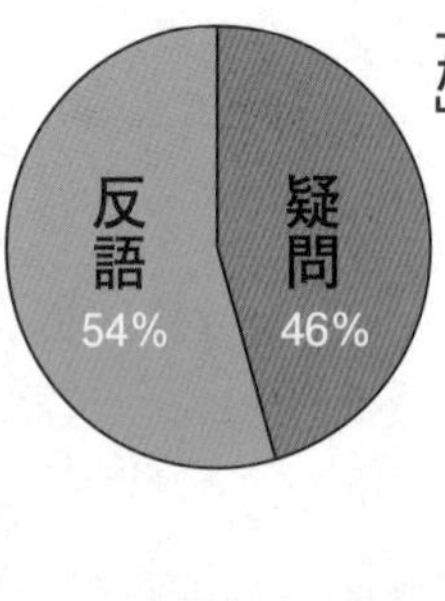

「や」は**疑問**が多めで、「か」は**反語**がやや多い傾向にある。**反語**とは、疑問の形を取りながら「いや、そうではない」と「主張」するときの表現。

◆2 問題演習

問1 以下の文の中から、係結びを例にならってすべて抜き出せ。（例）こそ～しか　（二松学舎大）

その由《よし》うけたまはりて、つはものどもあまた具《ぐ》して、山へ登りけるよりなむ、その山をふじの山とは名づけける。その煙、いまだ雲の中へたち昇るとぞいひ伝へたる。（竹取物語）

解説▼ 2行目「なむ」の文末の「ける」は過去の助動詞「けり」の連体形。3行目「ぞ」の文末の「たる」は存続の助動詞「たり」の連体形。この2箇所が係結びになっている。

（答 なむ～ける／ぞ～たる）

【全文解釈】

（品詞分解：■動詞／■形容詞／■形容動詞／■副詞／■助動詞／■助詞／ほかは無色 ※┆┆＝係結び）

その由うけたまはりて、つはものどもあまた具して、山へ登りけるより

《連体格》そのことを伺って、兵士たちをたくさん連れて、山に登ったことにより、《起点》

なむ、その山をふじの山とは名づけける。その煙、いまだ雲の中へたち昇る

その山を富士の山と名づけたそうだ。その（山の）《連体格》煙は、今でも雲の中に立ち昇っていると

とぞいひ伝へたる。

言い伝えられている。

◆補足説明

＊1 文末の活用語…文末（述語の部分）の動詞・形容詞・形容動詞・助動詞のこと。文末が**動詞**の場合、その**動詞**に係結びが起こるが、「**動詞**＋**助動詞**」といった形の場合、動詞ではなく**助動詞**に係結びが起こる。

✔単語チェック

□★★ よし【由】名
①理由 ②由緒 ③～こと

□★★ ぐす【具す】動サ変
①連れていく・一緒に行く
②備わる・備える

問[2] 空欄部を埋めるのに最も適当な助動詞を、後の①～⑤の中から選べ。（早稲田大ほか）

春来てぞ人もとひける山里は花こそ宿のあるじなり〔　　　〕（宇治拾遺物語）

①らむ　②らめ　③けり　④ける　⑤けれ

解説▼ 文中に係助詞「こそ」があるため、文末は**已然形**になる。選択肢中で已然形なのは②と⑤のみ。空欄は断定の助動詞「なり」に接続しており、「なり」は［なら―**なり・に**―**なり**―なる―なれ―なれ］と活用するため、空欄には**連用形**か**終止形**に接続するものが入る。②「らめ」は、ふつうは終止形に接続するが、助動詞「なり」のようにラ変型に活用する語（☞36頁）の場合はその**連体形**に接続するので、②は空欄には入らないことがわかる。最後まで残った⑤の「けれ」は**連用形**接続であるため、これが正解。

（答⑤）

【全文解釈】（品詞分解：■動詞／■形容詞／■形容動詞／■副詞／■助動詞／■助詞／ほかは無色　※［　］＝係結び）

春 来(カ変[用]) て(接助) ぞ(係助) 人 も(係助) とひ(四[用]) ける(詠嘆[体]) 山里 は(係助) 花 こそ(係助) 宿 の(格助) あるじ なり(断定[用]) けれ(詠嘆[已])

春が来て、人が（花を求めてこの山里を）訪れるようになったことよ。（とすれば）山里は（私ではなく）花がこの家の主人であるのだなあ。

●心配用法

係助詞「ぞ・なむ・こそ・は・も」は強意の用法であるが、この係助詞どうしが二つくっついて「もぞ…。」「もこそ…。」という形になると、「…したら困る・…したら大変だ」と訳す用法（＝「心配用法」ともいう）になる。

例「また会ひ見ぬやうもこそあれ」と思ほすに、

（「再び（父上に）会えないことになったら困る」とお思いになっているのに、）

☑単語チェック

★□とふ《ウ》【問ふ・訪ふ】動八四

①訪問する　②安否を尋ねる

問3 傍線部「こそ」の説明として最も適当なものを、後の①〜④の中から選べ。（椙山女学園大）

このごろの世の人は、十七八よりこそ経よみ、おこなひもすれ、さること
と思ひかけられず。
（更級日記）

① 係結びが成立している。
② 結びが省略されている。
③ 結びとなるはずの已然形が逆接で下に続いている。
④ 間に長い心中語（心話文）をはさんだため、結びが流れてしまっている。

解説▼ 係助詞「こそ」は文末を已然形にするが、その已然形に「、」が付き、文が続いて「こそ…已然形、」の形になると**逆接**の意味になる。左の【全文解釈】を参照すること。（答③）

【全文解釈】

（品詞分解：動詞／形容詞／形容動詞／副詞／助動詞／助詞／ほかは無色 ※品詞表示無し＝名詞）

このごろの《格助》世の《格助》人は《係助》、十七八より《格助》こそ《係助》経よみ《四[用]》、おこなひも《係助》すれ《サ変[已]》、さる《連体》こと
最近の世間の人は、《連体格》《連体格》17、18歳くらいから《起点》お経も読み、▼仏道修行もするが、（私は）▼そういうこ

と思ひかけ《下二[未]》られ《可能[未]》ず《打消[終]》。
とは思いもかけられない。

●反語用法

「心配用法」と同様に、係助詞二つが「**やは**」「**かは**」「**やも**」という形を取ると、ほぼ確実に**反語**（…〔だろう〕か、いや…ない）を表す反語用法になる。

㈲ 死なぬ薬も何にかはせむ。
（不死の薬も何になろうか、何にもなりはしない。）

✔単語チェック

□★★★ **おこなひ**《ィ》【行ひ】名
①仏道修行

□★★★ **さる〜**【然る】連体
①そういう〜
②しかるべき〜・立派な〜

問4 次の傍線部(a)・(b)の「ぞ」の【説明文】の空欄部イ〜ホに適当な語を入れよ。（中央大）

待ち惜しむ心づくしを詠めるぞ(a)多くて、心深きもことにさる歌におほか 1
るは、みな花は盛りをのどかに見まほしく、〈中略〉すべてなべての人のねが 2
ふ心にたがへるを、みやびとするはつくりごとぞ(b)多かりける。（玉勝間） 3

【説明文】

傍線部(a)「ぞ」は〔 イ 〕に掛かっているが、〔 イ 〕に接続助詞〔 ロ 〕が付いて、次の文に続くので、〔 ハ 〕形になっている。したがって、「結び」は消滅している。また(b)「ぞ」は〔 ニ 〕に掛かっており、〔 ホ 〕形で結ばれている。

解説▼係助詞がある文の文末（「結び」の語）に**接続助詞**が付くと、「結び」が消滅する（結びの流れ）。(a)の場合は、**連用形**接続の**接続助詞**「て」が結びの語（ク活用の形容詞「多し」）に付いている。そのため、「多し」は通常は**連体形**（多き）になるはずが**連用形**（**多く**）となっており、結びが消滅している。それに対して、(b)「ぞ」の文末の「**ける**」が**連体形**であり、結びが成立している。

（答 **イ**多く **ロ**て **ハ**連用 **ニ**ける **ホ**連体）

● **特殊な係結び**

❶**結びの省略**…「**にや**」「**にか**」などの後には「あらむ」などの表現が省略されており、このような表現を「結びの省略」という。同様に、「…と**ぞ**」「…と**なむ**」の後には、「言ふ・聞く・見ゆる」のような表現が省略される場合がある。

❷**結びの流れ**…文中に係助詞があるにもかかわらず「係結び」が起こらない（「結び」が消滅する）こと。次の場合に発生する。

①文に、別の文を接続助詞でつなげたとき。

②係助詞と文末の間に長々とした長文が挿入されたとき。

【全文解釈】

（品詞分解：■動詞／■形容詞／■形容動詞／■副詞／■助動詞／■助詞／ほかは無色　※┊┊＝係結び）

待ち《四[用]》惜しむ《四[体]》心づくしを《格助》詠め《四[已]》る《完了[体]》ぞ《係助》多く《ク[用]》て《接助》、心深き《ク[体]》も《係助》ことにさる歌に《格助》おほか《ク[体]》

（月や花を）待ち惜しむあれこれと深く気をもむことを詠んだ歌が多くて、情趣が深い歌も特にそのような歌の中に多い

るは《係助》、みな花は《係助》盛りを《格助》のどかに《ナリ[用]》見《上一[未]》まほしく《希望[用]》、〈中略〉すべてなべての《格助》人の《格助》ねが《四[体]》

のは、皆が花は盛りのときをじっくりと見たいのであって、だいたいにおいてふつうの人が《連体格》《主格》願って

ふ心に《格助》たがへ《四[已]》る《存続[体]》を《格助》、みやびと《格助》する《サ変[体]》は《係助》つくりごとぞ《係助》多かり《ク[体]》ける《詠嘆[体]》。

いる心と違っていることを、優雅なことであるとするのは作りごとが多いことよ。

単語チェック

□おほかり【多かり】形カリ
①（分量・程度が）多い

□★★なべて【並べて】副
①並・ふつう　②すべて・総じて

□★★たがふ【違ふ】動八四／八下二
①違う・間違える　②そむく

文法チェック

❶…係助詞「ぞ」は文末を連体形にする（係結び）。1の「ぞ」による係結びでは、文末の「多し」はふつう連体形（多かる）になるが、下に接続助詞「て」が付いているため、流れて連用形（多く）になっている。

第19回　助詞 PARTICLE

副助詞「だに・すら・さへ」

頻出度	学習時間	学習日
B	20分	／

1 要点整理

① 副助詞は、**文中**（用言の上）にあり、様々な語の下に付いて、その語に一定の意味を添えると同時に、副詞のように下にある用言を修飾するという機能をもつ助詞である。

② 副助詞で特に重要なのが「**だに・すら・さへ**」の三つである。主に**体言**や**連体形**に接続する。

接続	基本形	用法	備考
体言 **連体形**	**だに**	*1 ①**希望《きぼう》の最小《さいしょう》**（せめて…だけでも）	最小限の希望を限定して示す。㊎「声を**だに**聞かせたまへ」→「**せめて**声**だけでも**お聞かせください」
		②**類推《るいすい》**（…さえ）	程度の軽いものを先にあげて、ほかを類推させる。㊎「蛍ばかりの光**だに**なし」→「蛍ほどの光**さえ**ない」
	すら	①**類推**（…さえ）	程度の軽いものを先にあげて、ほかを類推させる。㊎「草木**すら**春は生うつつ」→「草木**さえ**春は生い茂り」
	さへ	①**添加**（…までも）	ある事柄に、さらにある事柄を付け加える。㊎「時雨**さへ**うちそそぐ」→「時雨**までも**降ってくる」

③ その他の副助詞「**のみ・など・まで・し・ばかり**」は、現代語（口語）と同じ感覚で解釈していけばよい。

◉**用法の出題割合**
「**だに**」

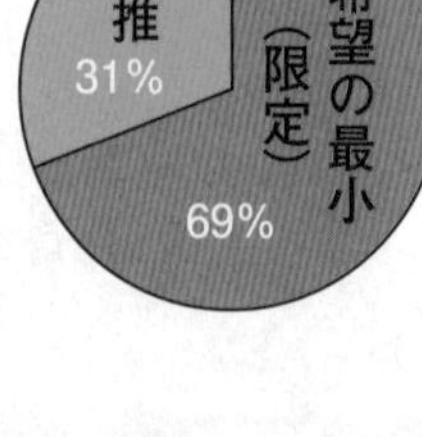

「だに」は約7割が**希望の最小**（「**限定**」とも言われる）の用法。

◆補足説明

＊1…「せめて…だけでも」のように、ものの最小限（最小限の希望）を表す用法。「せめて…だけでも」と訳すことができなければ、「…だけでも」のように訳すこと。

＊2…類推の用法では、「Aだに…、B～。」（Aでさえ…、ましてBは～。）という形を取るが、後ろの「Bは～。」の部分

❷ 問題演習

問 1 傍線部(a)・(b)の助詞の用法をそれぞれ答えよ。（立教大）

宿思ふ 我が出づる**だに**(a) あるものを 涙**さへ**(b) など とまらざるらむ （宇津保物語）

解説▼ 副助詞「だに」の意味の判別法は、「だに」の後ろに「**願望・仮定・命令・意志**」の表現があるかどうかがポイント。これらの表現があれば**希望の最小**の用法で、なければ**類推***2の用法である場合が多い。

(a)の下には「願望・仮定・命令・意志」のいずれの表現もないので**類推**の用法。(b)の副助詞「さへ」は**添加**（…までも）の意味だけである。なお、「さへ」には類推（…さえ）の用法はないので、「さへ」を「…さえ」と訳さないように注意。

（答 (a)**類推** (b)**添加**）

【全文解釈】

（品詞分解：動詞／形容詞／形容動詞／副詞／助動詞／助詞／ほかは無色 ※品詞表示無し＝名詞）

宿 思ふ〔四[体]〕 我 が〔格助〕《主格》 出づる〔下二[体]〕 だに〔副助〕《類推》 ある〔ラ変[体]〕 ものを〔接助〕 涙 さへ〔副助〕《添加》▼ など とまら〔四[未]〕 ざる〔打消[体]〕 らむ〔原推[体]〕

（あなたのいる）この家を大切に思っている私がとどまらないのも悲しくてやりきれないのに、涙までも止まらないのはどうしてだろう。

は（類推させる部分なので）よく省略される。

意味判別法（だに）

「だに」の後ろに「**願望**・**仮定**・**命令**・**意志**」の表現が
ある ➡ **希望の最小**
ない ➡ **類推**

願望（…たい）→終助詞「なむ・ばや・がな」など
仮定（〔もし〕…ならば）→「未然形＋ば、」など
命令（…しろ）→助動詞「べし」・活用語の命令形など
意志（…しよう）→助動詞「む」など

✔ 単語チェック

□* など【何ど】副 ①どうして

問2 傍線部「だに」と同じ用法のものを、後の①〜④の中から選べ。（神戸女学院大）

古き墳《つか》はすかれて田となりぬ。その形《かた》だになくなりぬるぞ悲しき。（徒然草）

① 言繁み 君は来まさず ほととぎす 汝《なれ》だに来鳴《きな》け 朝戸開《あさとひら》かむ （万葉集）

② 国遠み 直にはあはず 夢にだに 我に見えこそ あはむ日までに （万葉集）

③ み山には 松の雪だに 消えなくに 都は野辺の 若菜つみけり （古今和歌集）

④ 散りぬとも 香をだに残せ 梅の花 恋しき時の 思ひ出《で》にせむ （古今和歌集）

1

解説▼ 問題文の「だに」の下には「願望・仮定・命令・意志」の表現がないので、「…でさえ」と訳す**類推**の用法。①の「鳴け」と④の「残せ」は**命令**の表現。②の「見えこそ」は「逢ってほしい」と訳す**願望**の表現。よって③だけが**類推**の用法。（答③）

【全文解釈】

（品詞分解：動詞／形容詞／形容動詞／副詞／助動詞／助詞／ほかは無色 ※品詞表示無し＝名詞）

古き〔ク[体]〕墳は〔係助〕すか〔四[未]〕れ〔受身[用]〕て〔接助〕田と〔格助〕なり〔四[用]〕ぬ〔完了[終]〕。その〔格助《連体格》〕形だに〔副助《類推》〕なくなり〔四[用]〕ぬる〔完了[体]〕ぞ〔係助〕悲しき〔シク[体]〕。

古い墓石は（とり払われて）土を掘り返されて田んぼとなってしまう。その形さえなくなってしまうのが悲しい。

1

❖選択肢の訳

① 人の噂が盛んなので、あなたは来ない。ほととぎすよ、お前はせめて来て鳴いておくれ。朝戸を開こう。

② 故郷が遠いので直接会えない。せめて夢で私に会ってくれないか。再び会う日までに。

③ 深い山では松の雪さえ消えていないのに、都では野の若菜をつんでいることよ。

④ 散ってしまっても香りだけは残せ、梅の花よ。恋しいときの思い出にしよう。

✔単語チェック

□すく【鋤く】動カ四
①土を掘り返す

□★★★かなし【愛し・悲し】形シク
①かわいい・愛しい
②悲しい・かわいそうだ

問3 傍線部の意味に近いものを、後の①～④の中から選べ。（成蹊大）

左の中将の、いとつれなく知らず顔にて居給へりしを、かの君に見だにあはせば、わらひぬべかりしに、わびて、（枕草子）

① あの方にこのようなことを見せたところ
② あの方に目でも合わせようものなら
③ あの方に外見だけでも似せたので
④ あの方にひどい目を見せたら

解説▼傍線部「だに」の後に続く「あはせば」は、サ行下二段活用動詞「あはす」の未然形（あはせ）に接続助詞「ば」が付いた形。この場合は、「未然形＋ば、」は順接の**仮定条件**（〔もし〕…ならば）（📖86頁）。後ろに仮定の表現を伴い、「…だけでも」と訳す**希望の最小**の用法。（答②）

（品詞分解：動詞／形容詞／形容動詞／副詞／助動詞／助詞／ほかは無色　※品詞表示無し＝名詞）

【全文解釈】

左の〔格助〈連体格〉〕中将の〔格助〈主格〉〕、いとつれなく〔ク[用]〕知らず顔にて〔格助〕居〔上一[用]〕給へ〔四[已]〕り〔存続[用]〕し〔過去[体]〈原因〉〕を〔接助〕、かの〔格助〈連体格〉〕君に〔格助〕見〔上一[用]〕だに〔副助〈希小〉〕

左の中将が、▼大変平気な素知らぬ顔をして座っていらしたので、あの方に目でも合わせよ

あはせ〔下二[未]〕ば〔接助 過去[未]〈仮定〉〕、わらひ〔四[用]〕ぬ〔完了[終]〕べかり〔推量[用]〕し〔過去[体]〕に〔接助〈原因〉〕、わび〔上二[用]〕て〔接助〕、

うものなら、笑ってしまいそうだったので、▼困って、

✔単語チェック

□★★つれなし【連れ無し】形ク
①平気な様子だ
②薄情だ・冷淡だ

□★★わぶ【侘ぶ】動バ上二
①…しかねる　②気弱になる
③困る

問4 （訳）を参考にして、空欄1・2に最も適当な助詞を、後の①〜⑤の中からそれぞれ一つずつ選べ。（学習院大）

傍《かたはら》なる人うち身じろぎ〔 1 〕せず。〈中略〉雨ゆゆしく降りまさりて、〈中略〉
惜しからぬ命も、ただ今ぞ心細く悲しき。いとどかきくらす涙の雨〔 2 〕
降りそひて、来し方行く先も見えず、思ふにも言ふにもたらず。（うたたね）

（訳）側にいる人は身動きさえしない。雨がひどくますます降って、この惜しくもない自分の命も、ひたすら心細く悲しい。ますますあたりを暗くする涙の雨までも降り加わって、来た方向も行く先も知れず、考えることも言うことも及ばない。

① など　② ばかり　③ さへ　④ だに　⑤ のみ

解説 空欄に適した副助詞を選ぶ問題。

〔 1 〕…この部分は「身動き**さえ**しない」と訳されているので、**類推**（…さえ）の意味の副助詞が適当。類推の意味をもつ副助詞は「だに」と「すら」の二つあるが、選択肢には「すら」がないので、④「だに」を入れる。（答④）

〔 2 〕…この部分は、「雨がひどくますます降って」いるうえに、さらに「涙の雨**までも**降り加わって」と訳されているので、**添加**（…までも）を表す③「さへ」が適当。②の「ばかり」は「限度（…だけ）」と「程度・数量・時（…ほど）」という二つの用法なので、ここでは適当ではない。

（答③）

【全文解釈】

（品詞分解：動詞／形容詞／形容動詞／副詞／助動詞／助詞／ほかは無色 ※[ ]＝係結び）

1 傍なる人うち身じろぎだにせず。〈中略〉雨ゆゆしく降りまさりて、〈中略〉

側にいる人は身動きさえしない。　雨がますます大変に（ひどく）降って、

2 惜しからぬ命も、ただ今ぞ心細く悲しき。いとどかきくらす涙の雨さへ

この惜しくもない自分の命も、今はひたすら心細く悲しい。　ますます辺り一面を暗くする涙の雨までも

3 降りそひて、来し方行く先も見えず、思ふにも言ふにもたらず。

降り加わって、　来た方向も行く先も知れず、　考えるのも言葉に出すのも及ばない（心細さである）。

✓単語チェック

□ゆゆし【忌々し】形シク
①不吉だ
②恐ろしい ③すばらしい
④大変／はなはだしい

□いとど 副
①ますます ②そのうえさらに

□かきくらす【掻き暗す】動サ四
①悲しみにくれる
②辺り一面を暗くする

終助詞「なむ・ばや・がな・な・そ」

頻出度	学習時間	学習日
C	15分	／

❶ 要点整理

① **終助詞**とは、文末にあり、「**願望**《がんぼう》・**禁止**《きんし》・**詠嘆**《えいたん》」などを表す助詞である。

② 終助詞の中で特に重要なのが次の五つである。

接続	基本形	用法	備考
未然形	**なむ**	①他《た》への願望（…してほしい）	他への願望を表す。(例)「はや夜も明け**なむ**」→「早く夜が明け**てほしい**」
未然形	**ばや**	①自己《じこ》の願望（…したい）	自己の願望（希望）を表す。(例)「消えも失せ**ばや**」→「消え失せ**たい**」
連用形	**そ**	①禁止（…な）	禁止を表す。「な…そ」の形（＊1）で使われる。(例)「な疑いたまひ**そ**」→「お疑いなさいます**な**」
終止形 **ラ変連体形**	**な**	①禁止（…な）	禁止を表す。(例)「あやまちす**な**」→「しくじる**な**」
体言 **連用形**	**がな**＊2	①詠嘆願望（…してほしいなあ・…したいなあ／〔体言〕があればなあ）	願望に詠嘆（深い感動）が加わった意味。(例)「姫を得てし**がな**」→「姫を手に入れ**たいなあ**」

※終助詞にはほかにも、**詠嘆**（…だなあ）や**念押し**（…よ）を表す「**な**」「**かし**」「**か・かな**」がある（後見返し参照）が、直接問われることは少ない。

◆補足説明

＊1…「な…そ」の「な」は禁止を表す**副詞**であり（終助詞の「な」ではない）、「そ」は禁止を表す**終助詞**である。

＊2…「**もがな**」「**てしがな**」「**にしがな**」もこの「**がな**」と同じ意味の終助詞。

❷問題演習

問1 空欄部に適当な語を入れ、傍線部を現代語に解釈しなさい。

かたがたにいと悲しく思しめして、御前の梅の花を御覧じて、
東風《こち》吹かば　にほひおこせよ　梅の花　あるじなしとて　春〔　　〕忘れそ
（大鏡）

解説 終助詞「そ」は、副詞「な」と呼応《こおう》した「な…**そ**」の形で「…するな・…してくれるな」という**禁止**の意味を表す。「…」の部分には、ふつう動詞の**連用形**が入る。傍線部の「忘れ」は、ラ行下二段活用動詞「忘る」の**連用形**。「〔自然に〕忘れる」という意味なので、「忘れ**てくれるな**」と解釈する。

（答 な・春を忘れてくれるな）

【全文解釈】（品詞分解：動詞／形容詞／形容動詞／副詞／助動詞／助詞／ほかは無色　※品詞表示無し＝名詞）

かたがたにいと悲しく思しめして、御前の梅の花を御覧じて、
（道真公は）あれこれと非常に悲しくお思いになって、御前にある梅の花を御覧になって、（次の歌をお詠みになる）

東風吹かば　にほひおこせよ　梅の花　あるじなしとて　春な忘れそ
東風が吹いたならば良い香りをよこしてくれ。梅の花よ。主人の私がいないからといって春を忘れてくれるな。

単語チェック
- にほひ《オイ》【匂ひ】名　①美しさ　②良い香り
- おこす【遣す】動サ四／サ下二　①よこす　②こちらに…する
- な（…そ）副　①…てはいけない

問2 傍線部(a)・(b)をそれぞれ口語訳せよ。（関西学院大・神戸女子大）

・「いとうれしきひまにもあるかな。(a)いつしか夜も明けなむ」と心もとなく言ひ明かす。（落窪物語）

・「大納言殿に(b)知らせたてまつらばや」といひかくれば、（更級日記）

解説 (a)の副詞「**いつしか**」は、意志や願望の表現と呼応して「**早く**…したい（してほしい）」などと訳す。「明け」はカ行下二段活用動詞「明く」の未然形であり、「なむ」は他への願望（…**てほしい**）の終助詞（未然形接続）。(b)の文末にある「ばや」は、自己の願望（…**したい**）を表す終助詞。「せ」は使役の助動詞「す」の連用形、「たてまつら」は「…**申し上げる**」と訳す謙譲の補助動詞。

答 (a) **早く夜が明けてほしい**　(b) **大納言殿に知らせ申し上げたい**

【全文解釈】

（品詞分解：動詞／形容詞／形容動詞／副詞／助動詞／助詞／ほかは無色　※品詞表示無し＝名詞）

・「いとうれしきひまにもあるかな。いつしか夜も明けなむ」と心もとなく言ひ明かす。

「大変嬉しい機会であるなあ。早く夜が明けてほしい」と待ち遠しく語り明かす。

・「大納言殿に知らせたてまつらばや」といひかくれば、

「大納言殿に知らせ申し上げたい」と話しかけたところ、

☑単語チェック

□ ★★★ **いつしか**【何時しか】副

①早く〈↓願望・意志〉
②いつのまにか・早くも
③早すぎる

□ ★★★ **こころもとなし**【心許無し】形ク

①じれったい・待ち遠しい
②気がかりだ

◆補足説明

＊1…「たり」は、上の動詞が一時的な「動作」を表す場合は**完了**、継続的な「状態」を表す場合は**存続**の意味になる。傍線部の「空き」は、カ行四段活用動詞「空く」の連用形で、「(すき間が)空く」という意味の継続的な「状態」を表す動詞。

問3 傍線部を口語訳せよ。（日本女子大）

蔵人《くらうど》の少将、指貫《さしぬき》つきづきしく引き上げて、ただ一人小舎人童《こどねりわらは》ばかり具して、やがて朝霧《あさぎり》もよく立ち隠しつべく、隙《ひま》なげなるに、「をかしからむ所の、空きたらむもがな」と言ひて歩《あゆ》み行くに、

（堤中納言物語）

解説 ▼傍線部は「空き／たら／む／もがな」と分解できる。「たら」は助動詞「たり」の未然形で**存続**の意味。[*1]「む」は助動詞で、直後に「（をかしからむ）所」という**体言**が省略されていると考えられるので[*2]、**婉曲**の意味。「もがな」[*3]は「がな」と同じ用法の終助詞で、体言の下に付く場合は「［体言］があればなあ」と訳す。ここでは、省略された体言（所）の下に「もがな」が付いていると考えられるので、「所があればなあ」と訳す。

（答 **空いている所があればなあ**）

【全文解釈】

（品詞分解：動詞／形容詞／形容動詞／副詞／助動詞／助詞／ほかは無色　※品詞表示無し＝名詞）

蔵人の少将、指貫つきづきしく引き上げて、ただ一人小舎人童ばかり具

蔵人の少将が、指貫を似つかわしく引き上げて、ただ一人召使いの少年だけを（お供として）

して、やがて朝霧もよく立ち隠しつべく、隙なげなるに、「をかしからむ所

連れて、そのまま朝霧が（彼らを）十分に隠してしまうだろうほど、すき間がない様子であるところ、「趣があるような

の、空きたらむもがな」と言ひて歩み行くに、

所〈同格〉（＝女性の家）で、空いている所があればなあ〈願望〉」と言って歩いて行くと、〈単接〉

*2…「をかしからむ所**の**、空きたらむもがな」の「の」は**同格**の用法。「…**の**、…**連体形**（＋**体言省略**）」という形の「**の**」はほぼ**同格**の用法である。なお、「む」の婉曲（…のような）の意味は、不自然な場合は無理に訳出する必要はない。

*3…「**もがな**」「**てしがな**」「**にしがな**」などは、複数の助動詞や終助詞などが合体して一語化した終助詞だと考えてよい。

✔ 単語チェック

- ★★★ **つきづきし**【付き付きし】形シク ①似つかわしい
- ★★ **ぐす**【具す】動サ変 ①連れていく・一緒に行く ②備わる・備える
- ★★★ **やがて**【軈て】副 ①すぐに ②そのまま
- ★★★オ **をかし**【招かし】形シク ①趣がある ②かわいい ③妙だ

COLUMN 名歌の中の重要文法③

二条院讃岐 ～格助詞「の」・「こそ～已然形、」

わが袖は 潮干《しほひ》に見えぬ 沖《おき》の石《いし》の 人こそ知らね 乾《かは》く間《ま》もなし

（『千載集』・恋二・七六〇・二条院讃岐）

【訳】私の袖は、潮が引いても見えない沖の石のように、人は気づかないけれども、涙のために乾く間もないことよ。

この歌は、二句から三句目までが「たとえ」の部分である「序詞《じょことば》」（☞169頁）になっています。「見え」はヤ行下二段活用動詞「見ゆ」の未然形、「の」は「～のように」と訳す格助詞「の」の比喩用法。「人こそ知らね」は「こそ…已然形、～。」という形で「…であるが、～。」と訳す逆接の用法です。「ね」は打消の助動詞「ず」の已然形です。

詠み人の二条院讃岐《さぬき》は平安末期から鎌倉初期にかけての女流歌人。百人一首にもとられているこの歌にちなんで、「沖の石の讃岐」とよばれました。「沖の石」とはいつも海中に没していて乾くことのない石のこと。国歌「君が代」にある「さざれ石」が永遠の事物の象徴であるように、石は永続的なもののたとえでもありますから、「沖の石」は永遠に続く恋心のたとえでもあるのでしょう。二条院讃岐の恋愛について調べてみましたが、はっきりしたことはわからずじまい。まさに「沖の石」のような女性なのでした。

CHAPTER 4

第4章 副詞

◆「呼応の副詞」に要注意

「副詞」とは、「**いと**をかし（訳：**非常に**趣がある）」のように、主として用言（動詞・形容詞・形容動詞）の「状態」や「程度」を修飾する語です。

この「状態」や「程度」を修飾する副詞とは別に、「呼応《こおう》の副詞（陳述の副詞）」という種類の副詞もあります。これは、「**え**答へ**ず**（訳：答えることが**できない**）」のように、後ろに必ず決まった表現を伴い、そのセットで一つの意味を表す副詞です。

「呼応の副詞」は、副詞の中で最も問われやすい（＝得点に直結する）ので、要点整理にある【呼応の副詞一覧】をしっかりと覚え、読解に活かせるようになりましょう。

第21回 副詞 ADVERB

副詞 呼応の副詞

◆要点整理

副詞《ふくし》とは、自立語で活用せず、主として**用言を修飾する**語で、主に次の3種類がある。

❶状態の副詞

下の用言の**状態**を説明する（修飾する）働きをもつ副詞。

㊎ **やがて**頭おろしてけり。（**そのまま**出家してしまった。）（十訓抄）

❷程度の副詞

下の用言の**程度**を説明する（修飾する）働きをもつ副詞。

㊎ **あまた**聞こゆ。（**たくさん**聞こえる。）（方丈記）

❸呼応《こおう》の副詞（陳述の副詞）

後ろに必ず決まった表現を伴う副詞。修飾する文節に、一定の言い方を要求する。

㊎ **え**答へ**ず**なりはべりつ。（答えることができ**なく**なりました。）（徒然草）　**【打消】**

㊎ **ゆめ**この雪おとす**な**。（**決して**この雪を落とす**な**。）（大和物語）　**【禁止】**

㊎ **いつしか**梅咲かな**む**。（**早く**梅が咲い**てほしい**。）（更級日記）　**【願望】**

❖副詞はふつう「古文単語」として学習する。呼応の副詞としては左頁の表を一通り覚えておけばよい。

頻出度
C
学習時間
30分
学習日
／

◆**指示副詞**

かく（このように）／**さ・しか**（そのように）」の三つは、それまでに話題に出たことを指し示す副詞なので、**指示副詞**ともいわれる。

㊎ **かく**危《あやう》き枝の上にて、（**このように**危ない枝の上で、）（徒然草）

【呼応の副詞一覧】

★★★＝最頻出（よく出る）　★★＝頻出　★＝標準（時々出る）

頻出度	呼応の副詞	下に伴う表現		訳し方
★	おほかた	↓ず・じ・まじ・で・なし	打消	全く…ない
★	つゆ	〃	〃	〃
★★★	さらに	〃	〃	〃
★	あへて	〃	〃	進んでは［いっこうに］…ない
★	をさをさ	〃	〃	ほとんど…ない
★	いさ	〃	〃	さあ…ない
★	いと	〃	〃	たいして…ない
★	よに	〃	〃	決して［全然］…ない
★	よも	↓じ	打消推量	まさか［決して］…ないだろう
★★★	え	↓ず・じ・まじ・で・なし	不可能	…できない
★★★	な	↓そ	禁止	…するな・…してくれるな
★	ゆめ	↓な・べからず・まじ・ざれ・なかれ	〃	決して…するな
★	いつしか	↓む・らむ・けむ	推量	いつか（いつの間に）…だろう
★		↓なむ・ばや・がな	願望	早く…したい（してほしい）
★★★	いかで	↓む・らむ・けむ	推量	どうして…だろう
★★		↓なむ・ばや・がな	願望	なんとかして…したい（してほしい）
★★	いかに	↓や・か　＊1	疑問・反語	どうして…［だろう］か［、いや…ない。］
★★★	など	↓（や・か）　＊2	〃	〃
★★	な（ん）ぞ	〃	〃	〃

◆補足説明

＊1…疑問・反語を表す係助詞「や・か」があると、文末は**連体形**となる（係結び）。

＊2…副詞「など」「な（ん）ぞ」などの「疑問語」は、文中に「や・か」を伴わなくても文末を**連体形**にする。これも係結びの一種である。

❷ 問題演習

問1 傍線部(a)～(c)を口語訳せよ。　（中央大・早稲田大・法政大）

・「かくて育みはべらば、せまりたる大学の衆《しゅう》とて、笑ひ侮《あなづ》る人も(a)よもはべらじと思うたまふる」など、聞こえ知らせたまへば、（源氏物語）

・また、古《いにしへ》の歌、今の歌にも、(b)よにいひおほせ※1られぬやうに聞こゆる事の侍るなり。（毎月抄）

・御返事《おかへりごと》書きてまゐらせむとするに、この歌の本《もと》(c)さらに忘れたり。（枕草子）

解説

(a)…「よも」は、打消推量の助動詞「じ」を伴って「**まさか**【**決して**】…ないだろう」と訳す呼応の副詞。

(b)…「よに」は、後ろに打消語を伴って「**決して**【**全然**】…ない」と訳す呼応の副詞。

(c)…副詞「さらに」は、後ろに打消語を伴って「**全く**…ない」と訳す呼応の副詞。後ろに打消語が続かない場合は「そのうえ・新たに」などと訳す。ここでは、「さらに」の後ろにはラ行下二段活用動詞「わする【忘る】」（訳：忘れる）の連用形（忘れ）が続いている。一見、打消語ではないが、「忘れる」という意味は「覚えている」状態を打ち消すものである。そのため、この「さらに忘れたり」は「そのうえ・新たに」と訳すよりも「**全く**【**すべて**】忘れてしまった」と訳す方が文

（注）
※1 いひおほす【言い果す】…言い尽くす。残るところなく表現する。

脈的に合う。

（答 (a) まさか［決して］ (b) 決して［全然］ (c) 全く［すべて］）

【全文解釈】

（品詞分解：動詞／形容詞／形容動詞／副詞／助動詞／助詞／ほかは無色 ※品詞表示無し＝名詞）

・「かくて育みはべらば、せまりたる大学の衆とて、笑ひ侮る人もよもはべらじと思うたまふる」など、聞こえ知らせたまへば、

「このようにして（私が）面倒を見ておりますれば、貧乏している大学寮の学生であると言って、（息子を）笑って侮る人もまさかいないでしょうと思っております」などと、わけをお話し申し上げになると、

・また、古の歌、今の歌にも、よにいひおほせられぬやうに聞こゆる事の侍るなり。

また、昔の歌や、今の歌でも、決して表現しきれていないように聞こえることがあります。

・御返りごと書きてまゐらせむとするに、この歌の本さらに忘れたり。

（中宮様に）お返事を書いて差し上げようと思うが、この歌の上の句を全く忘れてしまった。

✓単語チェック

□かくて【斯くて】副
①このようにして

□★★よも【世も】副
①まさか・決して〈↔打消〉

□いにしへ【古】名
①遠く過ぎ去った世
②昔／過去

□★★★よに【世に】副
①決して〈↔打消〉
②大変・非常に

□★★★さらに【更に】副
①全く〈↔打消〉
②そのうえ・新たに

問 2　空欄部に最も適当なものを、後の①～⑤の中から選び、傍線部を口語訳しなさい。（共立女子大）

さてもさぶらひてしがなと思へど、おほやけごとどもありければ、

［　　］さぶらはで、夕暮れに帰るとて、

（伊勢物語）

①など　②さらに　③つゆ　④え　⑤ゆめ

解説▼空欄の後ろに「で」という**打消接続**の接続助詞があることに注意。選択肢の中で打消とセットの副詞は②と③と④。「さぶらふ」は「**お仕えする**」と訳すハ行四段活用動詞。宮中の仕事があるためにお仕えすることが**できなくて**、という文脈であるため、**不可能**の意味をもつ「**え**」が最も適当。

（答 ④・お仕えすることができなくて［できないで］）

【全文解釈】

（品詞分解：■動詞／■形容詞／■形容動詞／■副詞／■助動詞／■助詞／ほかは無色　※品詞表示無し＝名詞）

▼さてもさぶらひてしがなと思へど、▼おほやけごとどもありければ、

係助　四[用]　終助　格助　四[已]　接助　接尾　ラ変[用]　過去[已]　接助　《原因》

（男は親王のもとに）そのままお仕えしていたいものだと思ったが、朝廷での諸雑務があったので、

▼えさぶらはで、夕暮れに帰るとて、

四[未]　接助《打接》　格助　四[終]　格助　接助

お仕えすることができなくて、夕暮れに帰るというので、

✔単語チェック

□★★★ **さて** 副／接
①そのまま　②そこで・さて
※副詞「さて」は、下に係助詞「も」が続く場合、**一語の副詞**「**さても**」として、「そうであっても・そのまま」などと訳す。

□★★★ **お《オ》ほ《オ》やけ【公】** 名
①天皇　②朝廷

□★★★ **え【得】** 副
①…できない〈↓打消〉

問3 傍線部の口語訳として最も適当なものを、後の①～④の中から一つ選べ。（法政大）

昔の御忍び歩きのみ恋しくおぼされて、〈中略〉「いかでさやうにてもあり にしがな」とのみおぼしめさるる。（栄華物語）

① 花も紅葉も昔のまま変わらずにあってほしいものだ。
② ぜひとも今の身分のままでいたいものだ。
③ そのようなことは、これまでどれほどあっただろうか。
④ ぜひ昔のような自由な身の上でありたいものだ。

解説 ▶「いかで」は、後ろに願望表現[＊1]を伴うと、「**なんとかして…たい（てほしい）**」という意味になる呼応の副詞。「にしがな」[＊2]は「がな」と同様に**詠嘆願望**（…してほしいなあ・…したいなあ）を表す終助詞。よって、「**なんとかして…たいなあ**」などという訳になる。傍線部の前に「昔の御忍び歩き」を懐かしんでいる箇所があるので、④が最も適当。（答④）

【全文解釈】（品詞分解：■動詞／■形容詞／■形容動詞／■副詞／■助動詞／■助詞／ほかは無色 ※品詞表示無し＝名詞）

昔の（格助）御忍び歩きのみ（副助）恋しく（シク[用]）おぼさ（四[用]）れ（自発[用]）て（接助）、〈中略〉「いかで（副詞）さやうに（断定[用]）て（接助）も（係助）あり（ラ変[用]）にしがな（終助）」と（格助）のみ（副助）おぼしめさ（四[未]）るる（自発[体]）。

▼昔の（気ままな）お忍び歩きばかりが恋しく思わずにはいらっしゃられなくて、「なんとかして昔のような自由な身の上でありたいものだ」とばかりしきりにお思いになられる。

◆**補足説明**

＊1…終助詞「**なむ・ばや・がな**」などの願望を表す表現のこと。

＊2…完了の助動詞「ぬ」の連用形（**に**）に終助詞「**しが**」が付いてできた終助詞「**にしが**」。この「**にしが**」に終助詞「**な**」が付いてできた終助詞が「**にしがな**」である。ただ、あまり細かく考えすぎず、「がな・もがな・てしがな・にしがな」などは詠嘆願望の終助詞「**がな**」のオトモダチと考えておけばよい。

☑単語チェック

□しのびありき【忍び歩き】名
①人目を避けて外出すること
・お忍びの外出

□★★★**いかで**【如何で】副
①何とかして〈↓願望〉
②どうして〈↓推量〉

問 4 次の文は、愛しい姫君がこしらえた袴を着て修行に出た男が、帰ってくる場面である。傍線部「いつしか」に言葉を補足して解釈しなさい。（関西学院大）

片袴《かたばかま》をば、姫君《ひめぎみ》みづから縫ひつ。（男が）これを着て修行しありくほどに、こ 1
の姫君、はかなく煩《わづら》ひて失せにけり。（男は）かくし廻りて、いつしかと帰り 2
たるに、「姫君失せにけり」と聞くに、悲しきこと限りなし。（古本説話集） 3

解説 ▼文脈から判断すると、「いつしか」には早く姫君に会いたいという男の気持ち（**願望**）が省略されていることがわかる。副詞「いつしか」は後に**願望**や意志を伴うと「**早く…**」と訳す。

（答）早く姫君に会いたい［お会いしたい］

【全文解釈】（品詞分解：■動詞／■形容詞／■形容動詞／■副詞／■助動詞／■助詞／ほかは無色　※品詞表示無し＝名詞）

片袴をば、姫君みづから縫ひつ。（男が）これを着て修行しありくほどに、こ 1
（男の）片袴を、姫君が自ら縫った。（男が）これを着て修行して歩きまわる間に、

の姫君、はかなく煩ひて失せにけり。（男は）かくし廻りて、いつしかと帰り 2
この姫君は、はかなく病になって亡くなってしまった。（男は）このようにあちこちを廻って、早く（姫君に会いたい）

たるに、「姫君失せにけり」と聞くに、悲しきこと限りなし。 3
と思って帰ってきたが、「姫君が亡くなってしまった」と聞いたので、この上なく悲しく思ったのであった。

単語チェック

- □ **ありく**【歩く】動カ四　①歩きまわる　②ずっと…する・あちこちで…する
- □ **はかなし**【果無し】形ク　①つまらない・はかない　②頼りにならない
- □ **かく**【斯く】副　①このように
- □ **いつしか**【何時しか】副　①早く〈→願望・意志〉　②いつのまにか・早くも　③いつになったら…か
- □ **かなし**【愛し・悲し】形シク　①かわいい・愛しい　②悲しい・かわいそうだ

問5 傍線部を口語訳せよ。（九州大）

大和の国に男女ありけり。年月かぎりなく思ひてすみけるを、いかがしけむ、女をえてけり。なほもあらず、この家に率《ゐ》てきて、壁を隔ててすゑて、<u>わが方にはさらに寄り来ず。</u>

（大和物語）

解説▼「わ／が／方／に／は／さらに／寄り／来／ず」と分解できる。「さらに」は打消語とセットになって「**全く**（決して）…ない」と訳す呼応の副詞です。この場合は文末にある打消の助動詞「ず」と呼応しています。

（答 **自分の方には全く寄ってこない［近づいてこない］**）

【全文解釈】

（品詞分解：■動詞／■形容詞／■形容動詞／■副詞／■助動詞／■助詞／ほかは無色 ※品詞表示無し＝名詞）

大和の（格助）国に（格助）男女あり（ラ変[用]）けり（過去[終]）。年月かぎりなく（ク[用]）思ひ（四[用]）て（接助）すみ（四[用]）ける（過去[体]）を（接助）《逆接》、いかがし（サ変[用]）

大和の国に男と女とがいた。長年この上なく愛し合って暮らしていたが、▼どうしたので

けむ（過推[体]）、女を（格助）え（下二[用]）て（完了[用]）けり（過去[終]）。なほも（係助）あら（ラ変[未]）ず（打消[用]）、この（格助）家に（格助）率（上一[用]）て（接助）き（カ変[用]）て（接助）、壁を（格助）隔て（下二[用]）て（接助）すゑ（下二[用]）

あろうか、（男が）別に女を作った。それだけではなく、（男は別の妻を）この家に▼引き連れてきて、壁一枚を隔てて住

て（接助）、わが（格助）方に（格助）は（係助）さらに寄り（ラ変[用]）来（カ変[未]）ず（打消[終]）。

まわせて、自分の方には全く▼近づいてこない。▽

✔単語チェック

□ **いかが**【如何】副 ★★★
①どうして ②どのように

□ **ゐる**【率る】動ワ上一 ★★★
①引き連れる ②身につけてもつ

□ **さらに**【更に】副 ★★★
①全く〈↔打消〉 ②そのうえ・新たに

□ **よる**【寄る・依る】動ラ四
①近づく・寄る ②頼る

COLUMN 名歌の中の重要文法④

曽禰好忠 ～見つけにくい序詞～

由良《ゆら》の門《と》を 渡る舟人《ふなびと》 かぢを絶《た》え ゆくへも知らぬ 恋の道かな

(『新古今和歌集』恋一・一〇七一・曽禰好忠)

【訳】(流れの速い)由良の海峡を漕いでわたっていく船頭が舵を失って途方にくれているように、行方《ゆくえ》も知れないわが恋であることよ。

「由良の門」とは、京都府を流れる由良川の河口あたり(＝流れの速い場所)をさします。宮津線の丹後由良駅で下車すると、目の間に流れるのが由良川です。京都府北部の宮津市には日本三景の一つである天橋立《あまのはしだて》もありますので、一度行ってみてはいかがでしょうか。

「かぢ」とは舟を操る際に用いる道具。「絶へ」はヤ行下二段活用動詞「絶ゆ」の連用形。「絶える・途切れる」といった意味ですが、ここでは「失う・無くす」と意訳します。見つけにくいのですが、この3句目までが「序詞」となっています。舟に慣れた船頭でも、由良の門の速い流れにかじを取られ、途方にくれている。それと同じように、私の恋も行く先がわからないことよ、と詠んでいるわけですね。切ない恋心を詠んだ、この歌のもつなだらかな調べは、声に出して詠むと忘れられなくなります。特に「ゆくへも知らぬ 恋の道かな」には、言いしれようもない余情がこもっています。

詠み手の曽禰好忠《そねのよしただ》は平安中期の歌人。丹後掾《たんごのじょう》であったため、「曽丹《そたん》」とも呼ばれました。奇行が多いゆえに不遇な扱いを受け、革新的で自由清新な歌風も当時の貴族歌壇から排斥されましたが、後世になって評価されるようになりました。

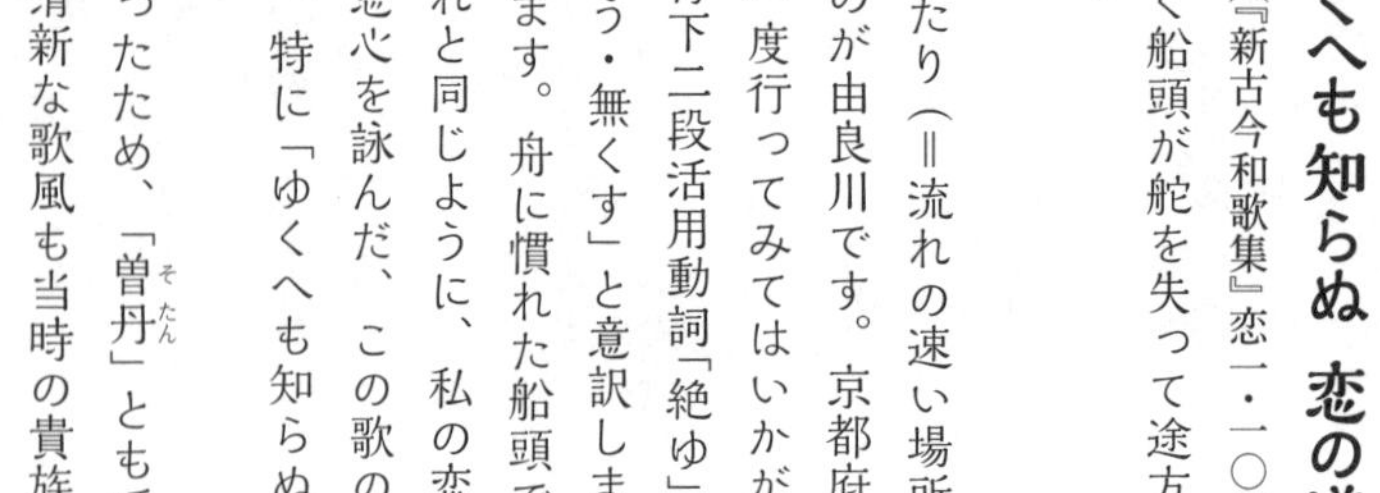

第5章

語の識別

◆「識別」は「文法の集大成」だ！

古典文法における「識別」とは、ある語について、その意味・品詞・活用形などを判別し、文法的に説明（品詞説明）することです。例えば、文中の「に」について、「これは完了の助動詞『ぬ』の連用形です」とか、「格助詞の『に』です」、「断定の助動詞『なり』の連用形です」などと言えるようになることです。

「識別」は、今まで学んできた品詞・用言の活用・助動詞・助詞・副詞の知識がないとできません。文法全体を把握し、あらゆる知識を総動員して、数ある候補の中から一つに絞り込んでいく。そういう作業が必要である識別は、「文法の集大成」であるともいえます。

この章では、特に難解で入試頻出である「に」「なり」「なむ」「ぬ」「ね」「らむ」「し」という7語の識別を扱います。要点整理で識別の方法を理解したら、後はひたすら問題演習を繰り返し、識別の速度と精度を上げていきましょう。

第22回 語の識別 DISCRIMINATION

「に」の識別

頻出度
S
学習時間
20分
学習日
／

1 要点整理

① まず「に」が自立語（の一部）なのか付属語なのかを判断する（→10頁）。

② 「に」が自立語の場合と付属語の場合に分けて、左図のように識別する。

※自立語の副詞は覚えることが必要。付属語の場合、「接続」が識別の決め手になるので要注意。

③ 語の識別では**接続**と**活用**に注目するのが基本。「に」の識別は特に**接続**が重要。

自立語

- 静かに → Ⓐ形容動詞の連用形
- 死に・往に → Ⓑナ変の連用形
- つひに・つねに／よに・げに／まことに・いかに／ひとへに・ことに／さらに・すでに → Ⓒ副詞

付属語

- 連用形 ＋ に き／に けり／に たり／に けむ → Ⓓ完了の助動詞「ぬ」の連用形
- 連体形 → に、 → Ⓔ接続助詞「に」
- 連体形・体言 → に て、／に して、／に ＋（係助詞）＋（ラ変動詞） → Ⓕ断定の助動詞「なり」の連用形
- 体言（場所）（連体形） → に → Ⓖ格助詞「に」「にて」

●識別の出題割合 「に」

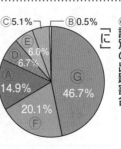

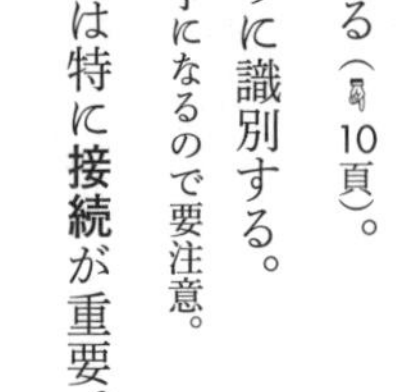

日本語の性質上、やはり格助詞として傍線部に登場する「に」がほぼ半数を占めるが、Ⓕとⓓが問われることも少なくないので要注意。

「に」の識別法（補足）

Ⓐ「に」の上に「か・ら・げ」の文字があれば、**形容動詞**（ナリ活用）の連用形の一部である場合が多い。

Ⓓ「に」が**連用形**接続で、下に過去・完了の助動詞（き・けり・たり・けむ）が続けば、完了の助動詞「ぬ」の連用形。

◆2 問題演習

問1 傍線部(a)〜(e)の「に」の文法的説明として正しいものを、後の①〜⑤の中からそれぞれ一つずつ選びなさい。（センター試験）

おのづから慰むかたもあるに(a)や、〈中略〉ある昼つかた、いとしめやかに(b)て、〈中略〉過ぎに(c)しことども繰り返し思《おも》ほし出でつつ寄り臥させ給ふに(d)、〈中略〉小さき童女《わらはめ》の御前に(e)候ひしを、

（兵部卿宮物語）

① 接続助詞　② 格助詞　③ 完了の助動詞　④ 断定の助動詞　⑤ 形容動詞の活用語尾

解説 「に」の識別は特にまず「接続」に注目すること。

(a)…この「に」は、ラ変動詞「あり」の**連体形**（ある）に接続し、下に係助詞「や」が続く（その後ろに「あらむ」が省略されている）形なので、**断定の助動詞**「なり」の連用形。（答④）

(b)…ナリ活用の**形容動詞**「しめやかなり」の**連用形活用語尾**。（答⑤）

(c)…この「に」は、ガ行上二段活用動詞「過ぐ」の連用形（過ぎ）に接続し、下に過去の助動詞「き」の連体形（し）が続く形なので、**完了の助動詞**「ぬ」の連用形。（答③）

(d)…この「に」は、ハ行四段活用動詞「給ふ」の連体形に接続し、下に読点（、）が続く形なので、**接続助詞**の「に」。（答①）

(e)…この「に」は、**体言**（御前）に接続し、下に「（係助詞）＋（ラ変動詞）」がない[*1]ので、**格助詞**。文

Ⓕ「に」が**連体形**か**体言**に接続して、下に接続助詞「て・して」や「**（係助詞）＋（ラ変）**」が続くとき、「に」は断定の助動詞「**なり**」の連用形。ただし、後ろの**係助詞**や**ラ変動詞**はどちらかが省略される場合も多いので注意。

◆**補足説明**

＊1…例えば「狐のしわざに**や**あらむ」のように、「体言＋に」の下に「（係助詞）＋（**ラ変動詞**）」がある場合、「に」は**断定の助動詞**になる。

脈的にも、「童女が御前に**に**お仕えし…」と自然に解釈できる（「御前」は「お仕え」という動作の**対象・相手**であることを「に」が示している）ので、格助詞であると考えることができる。（答②）

【全文解釈】

（品詞分解：■動詞／■形容詞／■形容動詞／■副詞／■助動詞／■助詞／ほかは無色　※品詞表示無し＝名詞）

[1] ▼おのづから▼慰むかたもあるにや、〈中略〉ある昼つかた、いとしめやかにて、

四[体]　係助　ラ変[体]　断定[用]〈疑問〉　係助　ナリ[用]　接助

自然と心が晴れるところもあるだろうか、ある昼頃、▽大変物静かに落ち着いて、

[2] 〈中略〉過ぎにしことども繰り返し思ほし出でつつ寄り臥させ給ふに、〈中略〉

上二[用]　完了[用]　過去[体]　接尾　四[用]　下二[用]　接助　四[未]　尊敬[用]　四[体]　接助〈単接〉

過ぎ去ったことなどを繰り返しお思い出しつつ横になりなさって、

[3] 小さき童女の御前に候ひしを、

ク[体]　格助〈主格〉　格助　四[用]　過去[体]　接助〈単接〉

小さな女の子が御前にお仕えしていたが、

✔単語チェック

□★★★おのづから【自ら】副
①たまたま　②ひょっとして・もしも〈↓仮定〉
③自然に

□★なぐさむ【慰む】動マ四／マ下二
①心が晴れる　②慰める

□しめやかなり 形動ナリ
①物静かに落ち着いた

問2 傍線部(a)〜(c)の「に」の文法的説明として正しいものを、後の①〜⑥の中からそれぞれ一つずつ選べ。
（日本女子大・駒澤大・二松学舎大）

・鳥羽《とば》の宝蔵《ほうざう》に納められ<u>に</u>(a)けり。（十訓抄）

・大菩薩《ぼさつ》この歌を納受《なふじゆ》ありける<u>に</u>(b)や。（古今著聞集）

・各《おのおの》怪しみて、「誠<u>に</u>(c)他《た》にことなりけり。都のつとに語らん」など言ふに、（徒然草）

① 格助詞　② 接続助詞　③ 完了の助動詞
④ 断定の助動詞　⑤ 副詞の一部　⑥ 形容動詞の一部

解説

(a)…この「に」は、尊敬の助動詞「らる」の**連用形**（られ）に接続し、下に過去の助動詞「けり」が続く形なので、**完了の助動詞**「ぬ」の連用形。連用形に接続する「に」は完了の助動詞以外にない。完了と過去の助動詞どうしは接続しやすいので、「にき・にけり・にたり・にけむ」の「に」は完了の助動詞と考える。（答③）

(b)…この「に」は、過去の助動詞「けり」の**連体形**（ける）に接続し、下に**係助詞**「や」が続く（その下に「**あらむ**」などの**ラ変動詞**が省略されている）形。よって、この「に」は**断定の助動詞**「なり」の連用形。「**にて、**」「**にして、**」「**にや**（あらむ）」の「**に**」は断定の助動詞。（答④）

(c)…「つひに・つねに・よに・げに・**まことに**・いかに・ひとへに・さらに・ことに」などは1語の**副詞**である。まとめて覚えておくこと。　（答⑤）

【全文解釈】

（品詞分解：■動詞／■形容詞／■形容動詞／■副詞／■助動詞／■助詞／ほかは無色　※品詞表示無し＝名詞）

・鳥羽の《格助》宝蔵に《格助》納め《下二[未]》られ《尊敬[用]》に《完了[用]》けり《過去[終]》。　1

鳥羽の宝蔵院にお収めになったということだ。

・大菩薩この《格助》歌を《格助》納受あり《ラ変[用]》ける《過去[体]》に《断定[用]》や《係助》。　2

大菩薩がこの歌を受け入れたのであろうか。

・各怪しみ《四[用]》て《接助》、「誠に他に《格助》ことなり《四[用]》けり《詠嘆[終]》。都の《格助》つと▽に《格助》語ら《四[未]》ん《意志[終]》」など《副助》言ふ《四[体]》に《接助》、　3

各々は不思議に思って、「本当にほかと違っているなあ。都への土産として語ろう」などと言うので、《原因》

☑単語チェック

□つと【苞】名

①土産物／その土地の産物

②食品などをわらで包んだもの

第23回 語の識別 DISCRIMINATION

「なり」の識別

頻出度	学習時間	学習日
C	20分	／

❶ 要点整理

① まずは自立語か付属語かを見極めて、左図のように識別する。

② 自立語（の一部）の「なり」は、Ⓐか Ⓑのどちらかである。

③ 付属語の「なり」は、（助詞に「なり」はないため）**助動詞**である。

※「なり」の識別は、「自立語（の一部）か助動詞か」、つまり「助動詞か否か」の二択になる。

④ 助動詞の「なり」は**接続**で区別できる。**終止形**または**ラ変型に活用する語**（☞36頁）の**連体形**に接続していればⒸ、（ラ変以外の）**連体形**または**体言**に接続していればⒹである。

自立語

「か・ら・げ」（唐揚げ）の文字が多い → 静か**なり** → Ⓐ 形容動詞

「と・く・う・に」（特ウニ）の文字が多い → 僧に**なり** → Ⓑ 四段活用動詞「成る」の連用形

付属語（助動詞）

言ふ・聞く・伝ふ・鳴く など（聴覚に関する用言） → 終止形・ラ変連体形 **なり** → Ⓒ 伝聞・推定

場所・地名 → 連体形・体言 **なり** → Ⓓ 断定 / Ⓓ′ 存在

◉識別の出題割合「なり」

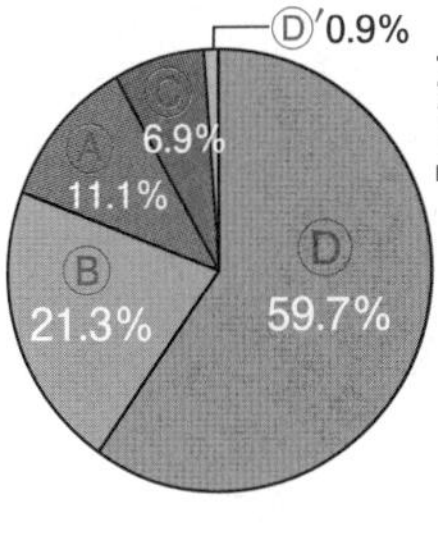

直接問われる「なり」の約6割がⒹ断定の助動詞。

「なり」の識別法（補足）

Ⓐ 形容動詞は「なり」の上に「か・ら・げ」の文字があることが多い。

Ⓑ この「なり」の上には格助詞や形容詞の活用語尾（「と・く・う・に」の文字）がくる場合が多い。

Ⓒ 伝聞・推定の助動詞「なり」は、「言ふ・聞く・伝ふ・鳴く」など「耳」に関する動詞の**終止形**に接続することが多い。

❷ 問題演習

問1 傍線部(a)〜(d)の文法的説明として最も適当なものを、後の①〜⑤の中から選べ。（佛教大）

その北の方は、はなや<u>かなる</u>(a)人なりけるが、〈中略〉それよりことになからひめでたくなり<u>に</u>(b)けるとかや。優<u>なる</u>(c)北の方の心<u>なる</u>(d)べし。（古今著聞集）

① 断定の助動詞　② 伝聞の助動詞　③ 形容詞の活用語尾
④ 形容動詞の活用語尾　⑤ 動詞

解説 (a)は「なる」の上に「**か・ら・げ**」の文字があるので、ナリ活用**形容動詞**「はなやかなり」の連体形活用語尾。(b)は「なり」の上に「**と・く・う・に**」の文字があるので、ラ行四段活用**動詞**「なる」の連用形。(c)はナリ活用**形容動詞**「優《いう》なり」の連体形活用語尾。(d)は「心」という体言に接続しているため、**断定の助動詞**「なり」の連体形。

（答 (a)④ (b)⑤ (c)④ (d)①）

【全文解釈】

その（格助）北の（格助）方は（係助）、はなやかなる（ナリ[体]）人なり（断定[用]）ける（過去[体]）が（接助〈逆接〉）、〈中略〉それより（格助〈起点〉）ことに（ナリ[用]）なから
その奥様は、きれいな人であったのだが、それから後は（夫婦が）特別すばら

ひめでたく（ク[用]）なり（四[用]）に（完了[用]）ける（過去[体]）と（格助）か（終助〈詠嘆〉）や（間助〈詠嘆〉）。優なる（ナリ[体]）北の（格助）方の（格助）心なる（断定[体]）べし（推量[終]）。
しく仲睦まじくなったとかいうことだよ。（情趣のある）優美な北の方の心であるようだ。

（品詞分解：■動詞／■形容詞／■形容動詞／■副詞／■助動詞／■助詞／ほかは無色 ※品詞表示無し＝名詞）

Ⓓ' Ⓓ **連体形**または**体言**に接続する「なり」は断定の助動詞であるが、その**体言**が**場所・地名**である場合、助動詞「なり」は存在の意味になる。
例 駿河**なる**富士山（駿河にある富士山）
※接続の形で区別できない場合は、文脈で判断すること。

✔ 単語チェック

□★★ **ことなり**【殊なり・異なり】形動ナリ
①格別だ・特別だ ②（ほかとは）異なっている

□★★ **めでたし**【愛でたし】形ク
①すばらしい

□★★★ **いうなり**【優なり】形動ナリ
①優美だ ②すぐれている

問2 次の傍線部「なり」と同じ語を、後の①〜⑤の傍線部の中から一つ選べ。（早稲田大）

今は前を渡り歩きたまへど、訪《とぶら》ひたまはぬは、御子《みこ》とも思さぬなり。（宇津保物語）

① 訪ひたまはで、年月になりぬ。
② 人少なになり、池に水草居わたり
③ 真砂子君十三歳、袖君十四歳なり。
④ 御徳もなくなりたまひつれど、
⑤ 司《つかさ》からぶりも得ること難くこそあなれ。

解説 傍線部「なり」の上の「ぬ」は、四段活用動詞「思す」の**未然形**[*1]（思さ）に接続しているので、打消の助動詞「ず」の**連体形**であるとわかる。ラ変以外の**連体形**（または**体言**）に接続する「なり」は**断定の助動詞**。①・②・④のように、格助詞や形容詞の連用形に続く「なり」は四段活用動詞「成る」の連用形である。③の「なり」は「十四歳」という**体言**に接続しているので、**断定の助動詞**。⑤の「あなれ」は「あるなれ」の「る」の撥音便化[*2]。「ある」は**ラ変動詞**「あり」の**連体形**なので、この「なれ」は**伝聞・推定の助動詞**「なり」の已然形[*3]。（答③）

【全文解釈】（品詞分解：動詞／形容詞／形容動詞／副詞／助動詞／助詞／ほかは無色 ※品詞表示無し＝名詞）

今は前を渡り歩きたまへど、訪ひたまはぬは、御子とも思さぬなり。

（父君は）今はこの家の前を通り過ぎて歩きなさっても、訪問なさらないのは、実の子ともお思いにならないのだ。

◆補足説明

＊1…**連用形**に接続する「ぬ」は、完了・強意の助動詞「ぬ」である（☞49頁）。

＊2…「**ある**なれ→あ**ん**なれ」と撥音便化し、さらに「**ん**」が消去されて「あなれ」となっている。

＊3…文中にある係助詞「こそ」の係結びにより、文末の「なり」が已然形（なれ）になっている。

単語チェック

□★★ **わたる【渡る】** 動ラ四
①ずっと…する ②（女性のもとに）通う・（人のもとに）行く ③越える・移る ④通り過ぎる

□★ **とぶらふ《う》【訪ふ・弔ふ】** 動ハ四
①見舞う・訪問する ②死をいたむ・弔問する

問3 傍線部(a)～(c)の「なり」と同じものを、後の①～③の中からそれぞれ一つずつ選べ。ただし活用形は問わない。（学習院大・神戸女子大ほか）

・これは花なり(a)。（無名抄）1

・食ひ物求めあつかふほどに、やや久しくなり(b)にけり。（発心集）2

・秋の野に人まつ虫の声すなり(c) われかと行きて いざとぶらはむ（古今和歌集）3

① 鳴くなり　② 覚ゆるなり　③ 浅くなりぬ

解説 ①は「鳴く」という聴覚に関わる用言に「なり」が接続しているので、**伝聞・推定の助動詞**。②は下二段活用動詞「覚ゆ」の**連体形**に接続しているため、**断定の助動詞**。③「なり」は形容詞の連用形（「～く」の字）に接続しているので、**四段活用動詞**「成る」の連用形。

(a)…「なり」は「花」という体言に接続しているので、**断定の助動詞**。（答②）

(b)…この「なり」は、「久しく」という形容詞の連用形（「～く」の字）に接続しているので、**四段活用動詞**「成る」の連用形。（答③）

(c)…この「なり」は、「せ―し―**す**―する―すれ―せよ」と活用するサ行変格活用動詞「す」の**終止形**（す）に接続しているので、**伝聞・推定の助動詞**。「人まつ虫の声す」（訳：人を待って鳴く松虫の声がする）という聴覚に関する用言に接続している点でも、この「なり」が伝聞・推定の助動詞であると判断できる。（答①）

【全文解釈】

（品詞分解：■動詞／■形容詞／■形容動詞／■副詞／■助動詞／■助詞／ほかは無色　※品詞表示無し＝名詞）

1 ・これは《係助》花なり《断定[終]》。

これは花である。

2 ・食ひ物求め《下二[用]》あつかふ《四[終]》ほどに《格助》、▼やや久しく《シク[用]》なり《四[用]》に《完了[用]》けり《過去[終]》。

食べ物を探し、世話をするうちに、だいぶ長い時間が経ってしまった。

3 ・秋の《格助》野に《格助》人まつ《四[体]》虫の《格助》声す《サ変[終]》なり《伝推[終]》われか《係助》と《格助》行き《四[用]》て《接助》▼いざ▼とぶらは《四[未]》む《意志[終]》。

秋の野に、人を待って鳴く松虫の声がするようだ。私を待っているのかと行って、さあ訪問しよう。

✔単語チェック

□★★やや【漸・稍】副

①だんだん　②少し

③だいぶ

□ひさし【久し】形シク

①長い時間が経った

②久しぶりだ

□★★★いざ 感

①さあ〈↓意志・勧誘・命令〉

□★とぶらふ《ウ》【訪ふ・弔ふ】動ハ四

①見舞う・訪問する

②死をいたむ・弔問する

第24回 語の識別
DISCRIMINATION

「なむ」の識別

頻出度
D
学習時間
15分
学習日
／

1 要点整理

① まずは自立語か付属語かを見極めて、左図のように識別する。

② 「なむ」が「死**なむ**・往《い》**なむ**・去《い》**なむ**」の形であるときはⒶである。

③ 「なむ」が付属語である場合、まず**接続**に注目。**未然形**接続ならⒷ、**連用形**接続ならⒸになる。

④ 「なむ」が**用言の上**にあり、係結びで文末が連体形になっている場合はⒹである。

自立語

死なむ
往《い》なむ
去《い》なむ
（ナ変　推量）
→ Ⓐナ変の未然形＋推量の助動詞「む」

付属語

未然形　なむ。（句点）
→ Ⓑ願望の終助詞

連用形　な（強意）む（推量）
→ Ⓒ強意の助動詞「ぬ」の未然形＋推量の助動詞「む」

なむ　動詞（係結び）
→ Ⓓ係助詞

◉識別の出題割合「なむ」

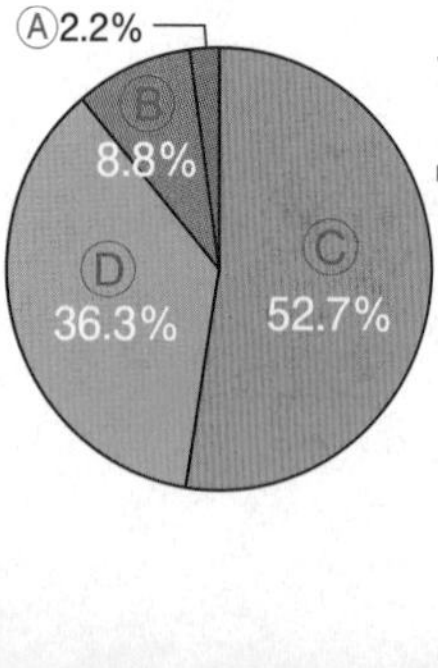

Ⓒの形が頻出なので、これを最優先に押さえておけば識別は難しくない。

「なむ」の識別法（補足）

Ⓑ終助詞「なむ」は文末にくるので、下に「句点（。）」がある。終助詞「なむ」は、「いかで（いかにして）・いつしか・はや」などの願望の意の副詞と呼応関係になることが多い。

Ⓒ助動詞「つ・ぬ」は主に完了の意味を表すが、下に**推量**の助動詞が付いた「**てむ・なむ・**

❷ 問題演習

問 1 次の二重傍線部「なむ」と文法的に同じものを、後の①〜④の中から一つ選べ。（駒澤大）

（私が中宮様に）「（この雪は）睦《む》月《つき》の十余日までは侍りなむ」と申すを、（枕草子）

① 今年より春知りそむる桜花散るといふことはならはざらなむ
② 「目も見えはべらぬに、かくかしこきおほせごとを光にてなむ」とて、見たまふ。
③ 願はくは花のもとにて春死なむそのきさらぎの望月のころ
④ 我が宿の花見がてらに来る人は散りなむ後ぞ恋しかるべき

解説▶ 二重傍線部の「なむ」は、ラ変動詞「あり」の**連用形**に接続していると考えられるので、強意の助動詞「ぬ」の未然形（な）＋推量の助動詞「む」である。①は打消の助動詞「ず」の**未然形**（ざら）に接続しているので、願望の終助詞「なむ」。②の「なむ」は係助詞。*1 ③はナ変動詞「死ぬ」の未然形（死な）に意志の助動詞「む」が付いたもの。④の「なむ」はラ行四段活用動詞「散る」の**連用形**（散り）に接続しているので、これが正解。（答 ④）

【全文解釈】

（品詞分解：動詞／形容詞／形容動詞／副詞／助動詞／助詞／ほかは無色 ※品詞表示無し＝名詞）

（私が中宮様に）「（この雪は）睦月の十余日までは侍りなむ」と申すを、

（の：格助／まで：副助／は：係助／侍り：ラ変［用］／な：強意［未］／む：推量［終］／と：格助／申す：サ変［体］／を：接助《単接》）

（私が中宮様に）「（この雪は）一月の十日過ぎまできっと残るでしょう」と申し上げると、

つべし・ぬべし」の形はすべて「**強意＋推量**」（**きっと…だろう**）の意味になるので注意。「**な**」は**連用形**接続、「**む**」は**未然形**接続である点にも注目。

◆補足説明

＊1…係助詞の後のラ変動詞（またはその代用語）は省略されやすい。ここでは「光にてなむ（**見奉る**）」といった動詞が省略されていると考える。

❖選択肢の訳

① 今年初めて春を知り咲いた桜の花よ。どうか散るということはならわないでほしい。
② 「目も見えませんのに、このような恐れ多いお言葉を光として（拝見します）」と言って、ご覧になる。
③ 願うことなら桜の花の下、春に死にたいなあ。その陰暦二月十五日満月の頃。
④ 私の屋敷の花を見るついでに来る人は、花が散ってしまったような後はきっと来ないでしょうから恋しく思われます。

問2 傍線部(a)～(c)の「なむ」の文法的説明として正しいものを、後の①～⑤の中からそれぞれ一つずつ選べ。 (立教大)

・今、人となりはべりなむ(a)。
・いとうしろめたなきによりなむ(b)、思ひたまへおきてはべる。
・はべらずなりなむ(c)後も、うしろやすかるべきによりなむ。 (源氏物語)

① 完了の助動詞「ぬ」の未然形＋意志・推量の助動詞「む」の終止形
② 完了の助動詞「ぬ」の未然形＋意志・推量の助動詞「む」の連体形
③ 強意（完了）の助動詞「な」＋推量（婉曲）の助動詞「む」の連体形
④ 強意（完了）の助動詞「な」＋推量（婉曲）の助動詞「む」の終止形
⑤ 係助詞

1 2 3

解説 ▶付属語の「なむ」は**接続**でほぼ識別できる。

(a)…この「なむ」は、ラ変動詞「はべり」の**連用形**に接続していると考えられるので、**強意の助動詞「ぬ」の未然形（な）＋推量の助動詞「む」の終止形**。係結びなどの例外を除いて、文末（＝直後に「。」がある）の語は原則すべて**終止形**（または命令形）になる。

(b)…この「なむ」は、用言（思ひ）の上にあり、文末の「はべる」が係結びで**連体形**になっているので、**係助詞**である。

(c)…この「なむ」は、ラ行四段活用動詞「成る」の連用形（なり）に接続していると考えられるので、**強意の助動詞「ぬ」の未然形（な）＋推量（婉曲）の助動詞「む」の連体形**。この「む」は、下に「後」という体言が続くため**連体形**になっている。

（答 (a)④ (b)⑤ (c)③）

【全文解釈】

（品詞分解：■動詞／■形容詞／■形容動詞／■副詞／■助動詞／■助詞／ほかは無色 ※品詞表示無し＝名詞）

1 ・今、人となりはべりなむ。

（息子の夕霧は）近いうちにきっと一人前になることでしょう。

2 ・いとうしろめたなきによりなむ、思ひたまへおきてはべる。

大変気がかりだったので、（大学寮に入れることを）決意しておいたのです。

3 ・はべらずなりなむ後も、うしろやすかるべきによりなむ。

私が亡くなったような後も、安心であろうという理由で（決意したのです）。

✔単語チェック

★★★ □**うしろめたし**【後ろめたし】形ク ①気がかりだ

※「うしろめたなし」は「うしろめたし」の対義語ではなく、下に強調の意の接尾語「なし」がついた同義語です。

★★★ □**うしろやすし**【後ろ安し】形ク ①安心だ ②頼もしい

「ぬ」と「ね」の識別

頻出度
B
学習時間
15分
学習日
／

1 要点整理

① 「ぬ」の識別における最大のポイントは、Ⓐ打消の助動詞「ず」の連体形（ぬ）と、Ⓑ・Ⓒ完了（強意）の助動詞「ぬ」の終止形（ぬ）を見分けることである。

② 「ぬ」が**未然形**接続ならⒶ、**連用形**接続ならⒷ・Ⓒである。

③ 「ぬ」が**連体形**（下に体言がある）であればⒶ、**終止形**であればⒷ・Ⓒである。

※下に推量の助動詞が付いて「ぬ**べし**・ぬ**らむ**・ぬ**めり**」などの形になった場合に、「ぬ」はⒸ強意の意味になる。

④ 「ぬ」が**未然形**接続（且つ已然形）ならⒹ、**連用形**接続（且つ命令形）ならⒺである。

「ぬ」の識別

接続	形	識別
未然形	ぬ（体言）	Ⓐ打消の助動詞「ず」の連体形
連用形	ぬ。	Ⓑ完了の助動詞「ぬ」の終止形
連用形	ぬべし／ぬらむ／ぬめり	Ⓒ強意の助動詞「ぬ」の終止形

「ね」の識別

接続	形	識別
未然形	ねば、／ねど、／ねども、	Ⓓ打消の助動詞「ず」の已然形
連用形	ね。	Ⓔ完了の助動詞「ぬ」の命令形

◉識別の出題割合

「ぬ」

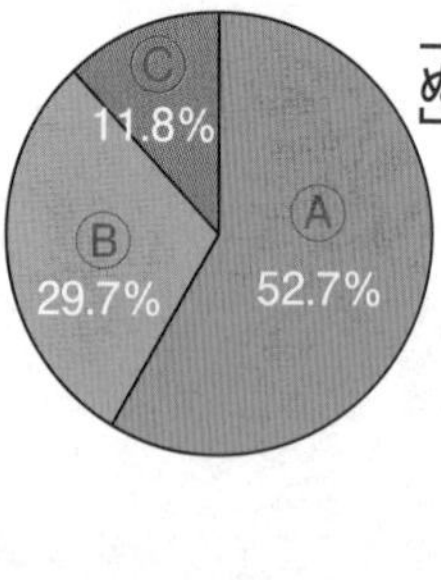

「ね」

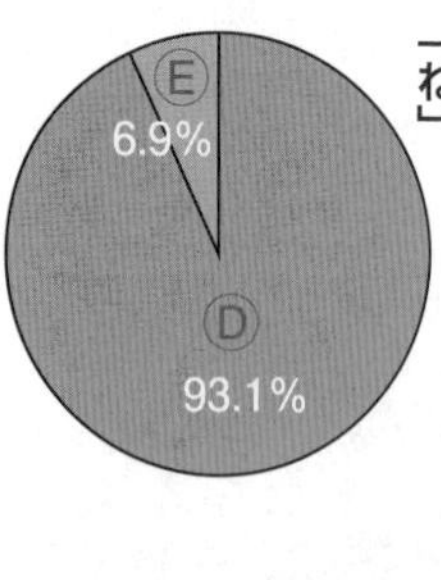

「ぬ」はⒶの形を中心に押さえ、Ⓑ・Ⓒにも要注意。「ね」はほぼⒹの形しか出ない。
※「ぬ・ね」が**ナ変動詞（死ぬ・往ぬ・去ぬ）の一部**であることもあるので注意。

❷ 問題演習

問1 次の二重傍線部「ぬ」と文法上同じ働きの語を、後の①〜④の中から一つ選べ。（龍谷大）

波間《なみま》なき 隠岐《おき》の小島の 浜びさし 久しくなりぬ 都隔てて （増鏡）

① ものは少しおぼゆれども、腰なむ動かれぬ。
② 預かりが曹司の方に去ぬなり。
③ 残るといへども朝日に枯れぬ。
④ いとやむごとなき際にはあらぬが、すぐれて時めきたまふありけり。

解説 傍線部の「ぬ」は、ラ行四段活用動詞「成る」の**連用形**（なり）に接続しているため、**完了の助動詞**「ぬ」の終止形。①の「ぬ」は文末にあるが、上にある係助詞「なむ」の係結びを受けて**連体形**になっている。**連体形**の「ぬ」は**打消の助動詞**「ず」である。②はナ変動詞「去ぬ」の終止形活用語尾。③の「ぬ」は文末にあり、ラ行下二段活用動詞「枯る」の連用形（枯れ）に接続しているので、**完了の助動詞「ぬ」**の終止形。④の「ぬ」は、ラ変動詞「あり」の**未然形**（あら）に接続しているので、**打消の助動詞**「ず」の連体形。（答③）

【全文解釈】（品詞分解：■動詞／■形容詞／■形容動詞／■副詞／■助動詞／■助詞／ほかは無色 ※品詞表示無し＝名詞）

波間なき[ク（体）] 隠岐の[格助]小島の[格助] 浜びさし 久しく[シク（用）]なり[四（用）]ぬ[完了（終）] 都隔て[下二（用）]て[接助]

絶え間なく波が打ち寄せる隠岐の小島の浜屋の庇（ひさし）ではないが、都を離れてから長い時間が経ってしまった。

「ぬ・ね」の識別法（補足）

Ⓑ 文末にある「ぬ。」は完了の助動詞である可能性が高いが、打消の助動詞「ず」が係結びで**連体形**になっている可能性もあるので注意。

Ⓓ 接続助詞の「ば」「ど・ども」は**已然形**に接続する。已然形の「ね」は打消の助動詞。

❖選択肢の訳

① 意識は少しあるけれど、腰を動かすことができない。
② 留守番の番人（滝口の武士）が曹司へ去っていくようだ。
③ 残るとは言っても朝日によって枯れてしまう。
④ たいそう高貴な身分ではないが、格別に（帝の）寵愛を受けなさる方がいたそうだ。

✔単語チェック

□ひさし【久し】形シク
①長い時間が経った
②久しぶりだ

問2 **次の二重傍線部と同じ用法のものを、後の①～④の中から一つ選べ。**

よき事はならぬと見えたり。（わらんべ草）

① 翁、竹を取ること久しくなりぬ。（竹取物語）
② 日かずのはやく過ぐるほどぞ、ものにも似ぬ。（徒然草）
③ はや舟に乗れ。日も暮れぬ。（伊勢物語）
④ 黒き雲にはかに出で来ぬ。風吹きぬべし。（土佐日記）

解説 二重傍線部の「ぬ」は、ラ行四段活用動詞「なる」の**未然形**（なら）に接続している。未然形に接続する「ぬ」は、**打消の助動詞**「ず」の連体形。*1 ①の「ぬ」は文末にあり、上の語「なり」が**連用形**なので、**完了の助動詞**「ぬ」の終止形。②は、係助詞「ぞ」が上にあるため、文末の「ぬ」は連体形。連体形の「ぬ」は**打消の助動詞**。③の「ぬ」は、ラ行下二段活用動詞「暮る」の**連用形**に接続し、文末にあるので、**完了の助動詞**「ぬ」の終止形。④の「ぬ」は、四段活用動詞「吹く」の**連用形**（吹き）に接続し、下に推量の助動詞「べし」（＝終止形接続）が続くため、**強意の助動詞**「ぬ」の終止形。（答②）

【全文解釈】

（品詞分解：動詞／形容詞／形容動詞／副詞／助動詞／助詞／ほかは無色 ※品詞表示無し＝名詞）

よき《ク[体]》事は《格助》なら《四[未]》ぬ《打消[体]》と《格助》見え《下二[用]》たり《完了[終]》。

良いことにはならないと思われた。

◆補足説明

*1…「ぬ」の下にある格助詞「と」は**連体形**接続で、ここでは**引用**（…と）を表している。

❖選択肢の訳

① 翁は、（黄金の入った）竹を取ることが長く続いた。
② 日数が早く過ぎる程度は、ほかのものと比べることもできないほどだ。
③ 早く船に乗れ。日が暮れてしまう。
④ 黒い雲が急に出てきた。きっと風が吹いてくるだろう。

問3 次の二重傍線部と文法的意味を同じくするものを、後の①～③の中から一つ選べ。（専修大）

（男に対して）祭主《さいしゅ》、「とく立ちね」と言ひけり。（十訓抄）

① 予は口を閉ぢて眠らんとして寝《い》ねられず。（奥の細道）
② 右近だに訪れねば、あやしと思ひ嘆きあへり。（源氏物語）
③ 玉の緒よ絶えなば絶えねながらへば忍ぶることの弱りもぞする（新古今和歌集）

1

解説▼ 二重傍線部の「ね」は、文末にあり、タ行四段活用動詞「立つ」の**連用形**（立ち）に接続しているので、**完了の助動詞**「ぬ」の命令形である。①はナ行下二段活用動詞「寝《い》ぬ」の未然形活用語尾。②のような、「ねば、・ねど、・ねども、」という形の「ね」は、**打消の助動詞**「ず」の已然形。③の「ね」は、絶〔え－え－ゆ－ゆる－ゆれ－えよ〕と活用するヤ行下二段活用動詞「絶ゆ」の**未然形**または**連用形**に接続している。この文は和歌で、「絶えね」のあとで**文末**が成立していると（文脈的にも）考えられるので、「ね」は**完了の助動詞**「ぬ」の命令形。（答③）

（品詞分解：動詞／形容詞／形容動詞／副詞／助動詞／助詞／ほかは無色 ※品詞表示無し＝名詞）

【全文解釈】

（男に対して）祭主、「とく立ち〔四[用]〕ね〔完了[命]〕」と〔格助〕言ひ〔四[用]〕けり〔過去[終]〕。

（男に対して）祭主は、「すぐに立ち去ってしまえ」と言ったそうだ。

1

❖選択肢の訳

① 私は口を閉じて眠ろうとしたが眠れない。
② 右近さえ訪れないので、おかしいと思い嘆きあっている。
③ わが命よ絶えるのならば絶えてしまえ。命が長らえると我慢する気持ちが弱るといけないから。

✔単語チェック

□とく【疾く】副
①すぐに ②すでに

第26回 語の識別 DISCRIMINATION

「らむ」の識別

1 要点整理

①「らむ」は、「らむ」の**直前の音**が何かで識別ができる。

②**終止形**か**ラ変連体形**（＝直前の音は「～ウ《u》」）に接続する「らむ」はⒷである。

③**サ変未然形**か**四段已然形**（＝直前の音は「～エ《e》」）に接続する「らむ」はⒸである。

④「らむ」の直前の音が「～ウ《u》」「～エ《e》」以外（＝「～ア《a》・～イ《i》・～オ《o》」のいずれか）であるときは、ほぼⒶである（ただしⒹの場合も時々あるので注意）。

自立語

（「ら」は自立語の一部）

- 良か《ka》**らむ** → 形容詞の未然形＋「む」
- 静かな《na》**らむ** → 形容動詞の未然形＋「む」
- 取《to》**らむ** → 四段動詞の未然形＋「む」
- あ《a》**らむ** → ラ変動詞の未然形＋「む」
- な《na》**らむ** → 四段動詞の未然形＋「む」

（用言の未然形）＋（推量の助動詞）→ Ⓐ

断定の助動詞「なり」の未然形である場合もある。

付属語（助動詞）

- 「～ウ《u》」 終止形・ラ変 連体形 → らむ → Ⓑ現在推量の助動詞「らむ」の終止形または連体形
- 「～エ《e》」 サ変 未然形・四段 已然形 → ら／む → Ⓒ完了（存続）の助動詞「り」の未然形＋推量の助動詞「む」
- 未然形 → ざ《za》ら／む → Ⓓ打消の助動詞「ず」の未然形＋推量の助動詞「む」

頻出度
D
学習時間
15分
学習日
／

◉識別の出題割合「らむ」

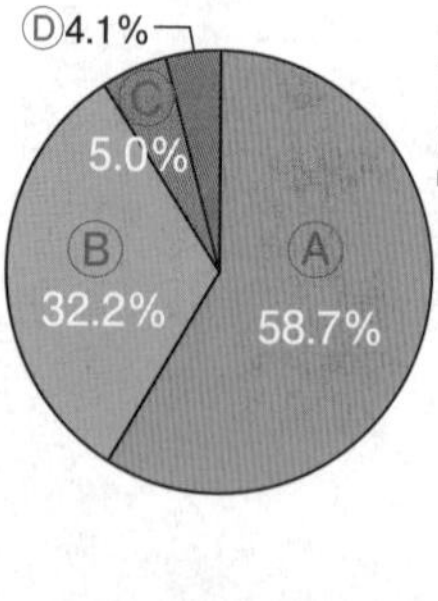

ふつうに文中によく出てくるのがⒶの形。古文単語の知識を固めておきたい。識別としてはⒷとⒸの区別がポイントになる。

◆2 問題演習

問1 傍線部(a)〜(c)の「らむ（らん）」は、後の①〜⑥のどれにあたるか答えよ。（和洋女子大・同志社大ほか）

・二世不徳の身になりぬらむ(a)と思ひかへし侍れど、（発心集） 1
・生けらん(b)ほどは、武にほこるべからず。（徒然草） 2
・同じ心ならん(c)人としめやかに物語して、（徒然草） 3

① 助詞　② 助動詞　③ 動詞の一部と助詞
④ 動詞の一部と助動詞　⑤ 助動詞と助動詞　⑥ 助動詞の一部と助動詞

解説

(a)…「らむ」は、完了の助動詞「ぬ」の**終止形**（=「〜ウ[u]」の音）に接続しているので、現在推量の**助動詞**「らむ」だと判断する。（答②）

(b)…「らん」は、カ行四段活用動詞「生く」の**已然形**[*1]（生け）（=「〜エ[e]」の音）に続いているので、完了の**助動詞**「り」の未然形（ら）＋婉曲の**助動詞**「む」の連体形である。（答⑤）

(c)…この「らん」は、「な」（=「〜ア[a]」の音）に続いているので、自立語の一部（〜ら）＋推量の助動詞「む（ん）」であると考えられる。ただ、この「なら」は「心」という**体言**に接続しているので断定の**助動詞**「なり」の未然形であり（☞125頁）、それに婉曲の**助動詞**「ん（む）」が接続したものだと識別できる。（答⑥）

◆**補足説明**

＊1…「生きる・生存する」と訳す動詞「生く」は、生［か一き一く一く一**け**一**け**］と活用する。「生け」は**已然形**または**命令形**であるが、命令形は基本的に**文末**で用いられるので、文中の「生け」は**已然形**である。

【全文解釈】

（品詞分解：動詞／形容詞／形容動詞／副詞／助動詞／助詞／ほかは無色 ※品詞表示無し＝名詞）

1 ・二世不徳の(格助)身に(格助)なり(四[用])ぬ(完了[終])らむ(現推[終])と(格助)思ひかへし(四[用])侍れ(ラ変[已])ど(接助)、

現世と来世ともに悟りを得ない身になってしまうだろうと思い返しましたが、

2 ・生け(四[已])ら(存続[未])ん(婉曲[体])ほどは(係助)武に(格助)ほこる(四[終])べから(命令[未])ず(打消[終])。

生きている間は武術を自慢してはならない。

3 ・同じ(シク[終])▽心なら(断定[未])ん(婉曲[体])人と(格助)しめやかに(ナリ[用])▽物語し(サ変[用])て(接助)、

同じようなことを考えるような人と物静かに落ち着いて話をして、

✔ 単語チェック

□おなじ【同じ】形シク

①同じである・等しい

※「同じ」は、下に体言が続く場合、**連体形**（同じき）ではなく**終止形**（同じ）になる場合が多い。

□しめやかなり 形動ナリ

①物静かに落ち着いた

問2 傍線部「らむ」の品詞説明をせよ。

男、心に違ひて、「京の者なれば、かやうのことをば興ずらむ」とこそ思ひ 1
けるに、少し心づきなしと思ひて、（今昔物語集） 2

解説▼ 傍線部の「らむ」は、興［ぜ―じ―**ず**―ずる―ずれ―ぜよ］と活用するサ行変格活用動詞「興ず」の**終止形**（=「〜ウ(u)」の音）に接続している。したがって、現在推量の**助動詞「らむ」**だとわかる。ただ、「らむ」の上方にある「京の者なれば、」に注目。これは「已然形＋ば、」*1の形であり、この後にくる「らむ」は**原因推量**（〔〜なので〕…なのだろう）の意味になる（☞56頁）。また、「らむ」は会話文（=「　」の文）の文末にあるので、**終止形**である。*2

（答 原因推量の助動詞「らむ」の終止形）

【全文解釈】

（品詞分解：■動詞／■形容詞／■形容動詞／■副詞／■助動詞／■助詞／ほかは無色 ※品詞表示無し=名詞）

男、心に〔格助〕違ひ〔四[用]〕て〔接助〕、「京の〔格助〕者なれ〔断定[已]〕ば〔接助〕、かやうの〔格助〕ことを〔格助〕ば〔係助〕興ず〔サ変[終]〕らむ〔原推[終]〕」と〔格助〕こそ〔係助〕思ひ〔四[用]〕 1
ける〔過去[体]〕に〔接助〕、少し心づきなし〔ク[終]〕と〔格助〕思ひ〔四[用]〕て〔接助〕、 2

男は、（女の答えが）期待はずれで、「京都出身の者であるので、このようなことを面白がるのだろう」と思ったのに、〈逆接〉少し気にくわないと思って、

◆補足説明

*1…活用語の已然形の下に接続助詞「ば」が付いた「**已然形＋ば、**」の形は、主に「**原因・理由**（…ので、）」を表す（☞86頁）。

*2…助動詞の品詞説明は、"**〈意味〉の助動詞「〈基本形〉」の〈活用形〉**"のような型で書くのが基本。〈**赤文字**〉部分は、助動詞のその文での意味と形に合わせて都度変えること。

✔単語チェック

□★★たがふ【違ふ】動八四／八下二 ①違う・間違える ②そむく

□きょうず【興ず】動サ変 ①面白がる・興に入る

□★★★**こころづきなし**【心付き無し】形ク ①気にくわない

「し」の識別

頻出度	B
学習時間	15分
学習日	／

1 要点整理

① 「し」が**自立語**（の一部）であるとき、左図Ⓐ・Ⓑ・Ⓒのいずれかである。
② 「し」が**付属語**で、**連用形**に接続している（下に**体言**がある）場合はⒹである。
③ **連用形**に接続する「して、」の「し」はほぼⒺである。
④ 動詞の上にある「し（も）」はⒻ、**体言**に接続する「して」の「し」はⒼである。

自立語

美し → Ⓐ形容詞の終止形活用語尾
移して、 → Ⓑサ行四段活用動詞の連用形活用語尾
読経して、 → Ⓒサ変動詞の連用形
（接続助詞「て」）

付属語

連用形／サ変未然形（せ）カ変未然形（こ） し（体言） → Ⓓ過去の助動詞「き」の連体形
連用形 して、 → Ⓔ接続助詞「して」の一部
し（も）動詞 → Ⓕ副助詞「し」（強意）
体言 して → Ⓖ格助詞「して」の一部

◉識別の出題割合「し」

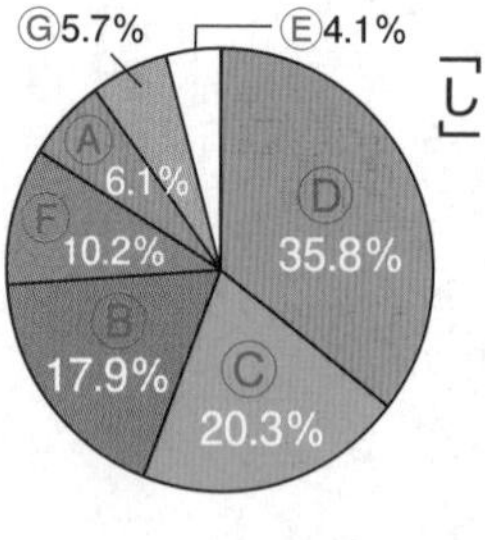

自立語（Ⓐ・Ⓑ・Ⓒ）の区別はあまり難しくないので、Ⓓをしっかりおさえておけばよい。

「し」の識別法（補足）

Ⓓ過去の助動詞「き」の連体形の「し」は、基本的には**連用形**に接続するが、**サ変とカ変の未然形（せ／こ）**にも接続して「**せし**・**せしか**／**こし**・**こしか**」という形を取ることもあるので要注意。

Ⓔ接続助詞「して」は、**単純な接続**（…て）の用法をもち、Ⓔ

❷ 問題演習

問 1 次の二重傍線部「し」と同じ働きをしているものを、後の①〜④の中から一つ選べ。

われもしか なきてぞ君に 恋ひられし今こそ声を よそにのみきけ

（今昔物語集）

① 炭櫃《すびつ》に火おこして、物語などして集まり候ふに、

② 聞きしにも過ぎて、尊くこそおはしけれ。

③ 年ふれば齢《よはひ》は老いぬしかはあれど花をし見れば物思ひもなし

④ 京より下りし時に、皆人子どもなかりき。

解説▼ 傍線部の「し」は、受身の助動詞「らる」の**連用形**に接続している（係助詞「ぞ」の結びで連体形になっている）ので、**過去の助動詞「き」の連体形**。①はサ変動詞「す」の連用形。②は「おはし」というサ変動詞の連用形活用語尾。③の「し」は動詞の上にあるので強意の副助詞「し」。④の「し」は、ラ行四段活用動詞「下る」の**連用形**（下り）に接続し、「時」という**体言**が下に付くので、**過去の助動詞「き」の連体形**。

（答 ④）

【全文解釈】

われ も〔係助〕 しか なき〔四［用］〕 て〔接助〕 ぞ〔係助〕 君 に〔格助〕 恋ひ〔上二［用］〕 られ〔受身［用］〕 し〔過去［体］〕 今 こそ〔係助〕 声 を〔格助〕 よそ に〔格助〕 のみ〔副助〕 きけ〔四［已］〕

（品詞分解：■動詞／■形容詞／■形容動詞／■副詞／■助動詞／■助詞／ほかは無色 ※品詞表示無し＝名詞）

（以前は）私もその（鹿の）ように鳴いてはあなたに愛された。今はその（妻乞いの）声をほかの場所でだけ聞くことよ。

上には形容詞の連用形活用語尾（〜く）や助動詞［ず］の連用形（**ず**）がくることが多い。

Ⓖ **体言**に接続する「して」にはⒸとⒼがあるが、「(体言)**をする**」と訳せる場合はⒸ、訳せない場合はⒼである。

❖選択肢の訳

① 炭櫃に火を熾して、雑談などして集まっていましたところ、

② 聞いていた以上に、尊い様子でいらっしゃった。

③ 年月が過ぎると歳を取ってしまう。そうだけど、花のようなあなたの様子を見ると物思いをすることもない。

④ 京都から（任地である土佐に）下ったときは、みな人は子供がいなかった。

✔単語チェック

★★★ □**しか【然】**副 ①そのように

※「然《しか》」と「鹿《しか》」は掛詞（→168頁）。

問2 傍線部(a)～(d)の用法の説明として適切なものを、後の①～⑦の中からそれぞれ選べ。（立命館大）

歌よむといはれし(a)末末《すゑずゑ》は、すこし人よりまさりて、「〈中略〉それが子なれば」など言はればこそ、かひあるここちもし(b)侍らめ。〈中略〉夜うちふくるほどに、題出だし(c)て、女房も歌よませたまふ。〈中略〉元輔《もとすけ》が後《のち》といはるる君し(d)もや今宵の歌にはづれてはをる　（枕草子）

① 強意の副助詞　② 接続助詞（の一部）　③ 過去の助動詞
④ サ行四段動詞（の一部）　⑤ 格助詞の一部　⑥ サ行変格活用動詞（の一部）
⑦ 形容詞の一部

解説

(a)…直前の「れ」は受身の助動詞「る」の**連用形**で、直後の「末末」は**体言**。よって、**過去の助動詞**「き」の連体形の「し」。（答③）

(b)…この「し」は、下に「侍ら」という用言が付いて（＝連用形になって）おり、「…する」と訳せるので、**サ行変格活用動詞**「す」の連用形。（答⑥）

(c)…**サ行四段活用動詞**「出だす」の連用形活用語尾。（答④）

(d)…この「し」は、文中（その文の動詞「はづれ」の上）にあり、強意の係助詞「も」が付いて「しも」の形になっているので、**強意の副助詞**「し」。（答①）

【全文解釈】

（品詞分解：■動詞／■形容詞／■形容動詞／■副詞／■助動詞／■助詞／ほかは無色 ※品詞表示無し＝名詞）

1 **歌よむといはれし末末は、すこし人よりまさりて、「〈中略〉それが子なれ**

歌を詠むと言われた人の子孫は、少しは人よりまさって、「その人の子供だから（歌が上

2 **ば」など言はればこそ、かひあるここちもし侍らめ。**〈中略〉

手いんだな）」などと（人から）言われれば、甲斐のある気持ちにもなりますが。

3 **夜うちふくるほどに、題出だして、女房も歌よませたまふ。**〈中略〉

夜がすっかり深くなる頃に、題を出して、女房にも歌を詠ませなさる。

4 **元輔が後といはるる君しもや今宵の歌にはづれてはをる**

（歌の名人として名高い）清原元輔の子供といわれるあなたに限って、今宵の歌の席に参加せず外れているのだろうか。いやない（と中宮様が私に詠んでお書きになった）。

✔単語チェック

□ふく【更く】動カ下二
①夜が深くなる ②年を取る

□のち【後】名
①子孫 ②未来 ③死後

COLUMN 名歌の中の重要文法⑤

式子内親王 ～「緒」と「紐」の縁語～

玉の緒《を》よ　絶えなば絶えね　ながらへば　忍ぶることの　弱りもぞする

(『新古今和歌集』・恋歌一・一〇三四・式子内親王)

【訳】私の命よ、絶えてしまうのなら(すぐに)絶えてしまえ。生き長らえると、恋を耐え忍ぶ気持ちが弱くなって(人目に現れてしまうと)困るから。

「玉」は「魂《たま》」から霊魂を表す名詞で、「緒」は「紐《ひも》」の名詞。「玉の緒」全体で「命」を表します。この「緒」と「絶え」「ながらへ」「弱り」が縁語関係になっています。紐が切れたり、長くなったり、弱くなったりするというイメージと、命が絶えたり、生き長らえたり、衰弱したりするというイメージをクロスさせているんですね。

「絶えね」の「ね」は完了の助動詞「ぬ」の命令形。五句目の「もぞ…連体形。」は「～したら困る。」と訳す係助詞の心配用法です。

詠み手の式子内親王《しきしないしんのう》は平安末期の女流歌人で、11から21歳まで賀茂の斎院として神に奉仕していました。斎院とは、結婚が許されないいわば「神の妻」のような女性。意中の人への想いをそっと口ずさんだような歌なのか、それとも恋を禁じられた彼女の想像上の歌なのか。今となってはそれこそ「神のみぞ知る」ということでしょうか。

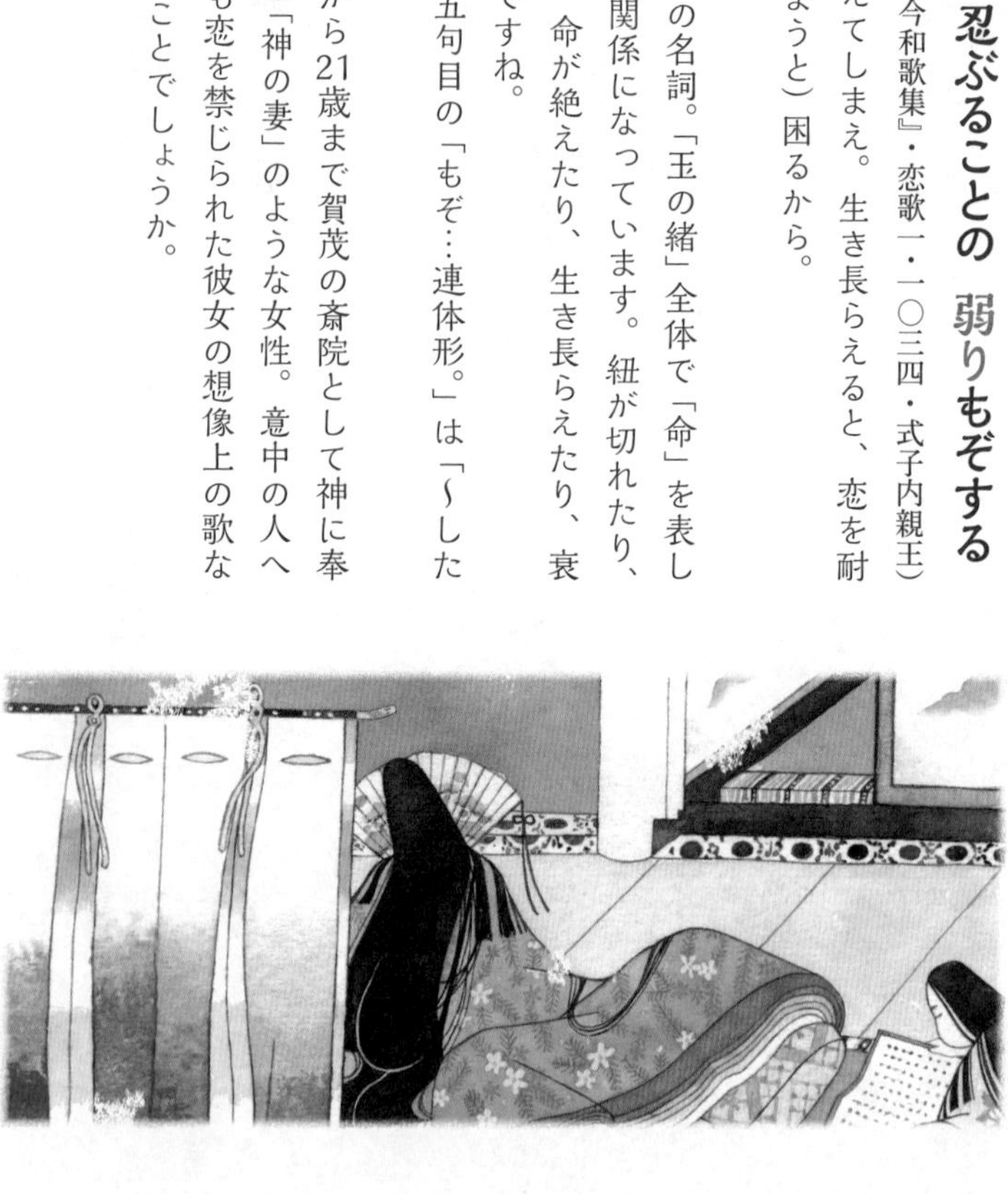

第6章

敬語

◆敬語を見れば文の主語がわかる!

古代より日本は官位社会であり、人それぞれ、身分の上下が明確に定められていました。上下関係を重んじる儒教の影響もあり、「目上の人に対しては、言葉で敬意を表さないといけない」という社会だったのです。

そこで、動作の主体(主語)に敬意を表すときは「**尊敬語**」を、動作の受け手(目的語)に敬意を表すときは「**謙譲語**」を、読者や聞き手に対して丁寧に表したいときは「**丁寧語**」を使うことにしました。こうして、3種類の敬語とその用い方の決まり(=敬語法)が誕生したわけです。

敬語をマスターすると、古文が読解しやすくなるだけでなく、**省略された主語を補う**ことにもおおいに役立ちます。入試問題を通じて、敬語とその使い方を修得しましょう。そして、最終の第30回で「和歌の修辞法」を学べば、入試に必要な文法はほぼすべて身につけたことになります。

第28回 敬語
HONORIFIC

敬語の種類

頻出度	S
学習時間	40分
学習日	／

❶要点整理

① 敬語には、尊敬《そんけい》語・謙譲《けんじょう》語・丁寧《ていねい》語の3種類がある。
② 尊敬語は、身分の高い、動作の主体（主語）に敬意を表す（高める）表現である。
③ 謙譲語は、動作の受け手（目的語）に敬意を表す（高める）表現。
④ 丁寧語は、読者や聞き手に対する丁寧な表現で、「侍《はべ》り・候《さぶら》《さうら》ふ＊1」の2語のみ。

敬語の種類	本動詞（例）	補助動詞（例）	その他の敬語
尊敬語	たまふ おはす おぼす　など	見たまへ 寄りおはす　など	◎尊敬を表す助動詞「る・らる」「す・さす・しむ」 ◎尊敬を表す名詞（上・君・御前・殿　など） ◎尊敬を表す接頭語・接尾辞（御～・～君・～殿　など）
謙譲語	まうす たてまつる まゐる　など	聞きまうす 見たてまつりて　など	◎謙譲を表す名詞（おのれ　など） ◎謙譲を表す接頭語・接尾辞（拙～・～ら・～め　など）
丁寧語	はべり さぶらふ （さうらふ）	聞きはべる 見さぶらひて　など	

※表内の「本動詞・補助動詞・その他の敬語」をすべて「敬語」という。

◆補足説明
＊1…「候ふ」には、「さぶらふ（＝『サブロウ』と読む）」と「さうらふ（＝『ソウロウ』と読む）」、2種類の表記がある。読みが違っても意味に違いはない。

⑤ 敬意を含む動詞（＝**敬語動詞**という）は、その動詞単体で敬意を表す**本動詞**《ほんどうし》と、別の動詞の**連用形**に接続して敬意を補《おぎな》う**補助動詞**《ほじょどうし》に分けられる。

(例)「稲荷より**たまふ**しるしの杉よ」とて、（更級日記）→（尊敬語の）**本動詞**
（「稲荷からくださる霊験ある杉だ」と言って、）

(例)かぐや姫、いといたく泣き**たまふ**。（竹取物語）→（尊敬語の）**補助動詞** ※助動詞と同じ機能
（かぐや姫は、大変ひどくお泣きになる。）

❖同じ敬語動詞でも、本動詞のときと補助動詞のときで訳し方が変化するので注意。

⑥「**尊敬語**＋**尊敬語**」のように尊敬語が二つ重なった形を**最高敬語**《さいこうけいご》＊2（**二重敬語**）といい、動作主が天皇や中宮など最高に身分が高い人であるときに用いられることが多い。

(例)御簾を高く上げたれば、笑は**せたまふ**。（枕草子）
（御簾を高く上げたところ、〔中宮様が〕お笑いになる。）

(例)院も**聞こし召し**つけて、いかに**思し召さ**むと、（源氏物語）
（〔父の朱雀〕院もお聞きになって、どのようにお思いになるだろうと、）

⑦「聞こえさす」「奏《そう》す・啓《けい》す」などの、動作の受け手が必ず**絶対的な権力をもつ人物**（天皇や中宮）である**謙譲語**を**絶対敬語**《ぜったいけいご》という。

❖敬語は次ページの一覧表をしっかり見て覚えておこう。

＊2…最高敬語のパターン
① 尊敬の助動詞「**す・さす・しむ**」＋尊敬語「**たまふ**」
→**せたまふ**・**させたまふ**・**しめたまふ**
② 敬語動詞＋尊敬の助動詞「**る・らる**」
→**思さる**・**仰せらる**
③ 二重敬語が一語化したもの
→**おはします**・**のたまはす**・**思し召す**・**聞こし召す** など
④ 1語で最高の敬意を表す敬語動詞
→**ごらんず**・**おほとのごもる** など

【主な尊敬語】

（最）←最高敬語の印

最高敬語	頻出度	尊敬語	漢字表記	活用	通常語	訳し方（本動詞）
	★★★	たまふ	【給ふ】	ハ四	与ふ　やる	お与えになる・くださる（補助動詞の場合）「お〜になる・〜なさる」
	★	たぶ（たうぶ）	【賜ぶ・給ぶ】	バ四		
	★★	おはす	【御座す】	サ変	あり　をり　行く　来	いらっしゃる（補助動詞の場合）「〜ていらっしゃる」
最	★★	おはします	【御座し坐す】	サ四		
		いまそがり	【在そがり】	ラ変		
	★★	のたまふ	【宣ふ】	ハ四	言ふ	おっしゃる
最	★	のたまはす	【宣はす】	サ下二		
	★★	おほす	【仰す】	サ下二		
	★★★	おぼす	【思す】	サ四	思ふ	お思いになる
	★	おもほす	【思ほす】	サ四		
	★	きこす	【聞こす】	サ四	聞く	お聞きになる
	★★	めす	【召す】＊1	サ四	飲む　食ふ　着る　乗る	お召しになる
最	★	あそばす	【遊ばす】	サ四	す	なさる
最	★★	ごらんず	【御覧ず】	サ変	見る	ご覧になる
最	★	おほとのごもる	【大殿籠る】	ラ四	寝　寝ぬ	お休みになる
	★	つかはす	【遣はす】	サ四	遣る	おやりになる

◆補足説明

＊1…「めす」が**補助動詞**の場合、敬意を含む動詞（敬語動詞）の**連用形**に付いて、**さらに敬意を高める（最高敬語にする）働き**をする。

例 おぼす＋**めす**→おぼし**めす**

例 きこす＋**めす**→きこし**めす**

※「見《め》す」だと「ご覧になる」と訳す場合がある。

＊2…「きこゆ【聞こゆ】」は、「聞こえる・評判になる」という意味のふつうの動詞として用いられる場合もあるので、文脈に注意。

＊3…「たてまつる」「まゐる」は主に**謙譲語**として使われるが、時々**尊敬語**（訳：**お召しになる**）としても用いられる。

【主な謙譲語】

㊡←絶対敬語の印

絶対敬語	頻出度	尊敬語	漢字表記	活用	通常語	訳し方（本動詞の場合）
	★★★	まうす	【申す】	サ四	言ふ	申し上げる （補助動詞の場合） 「お～する・（お）～申し上げる」
	★★★	きこゆ	【聞こゆ】＊2	ヤ下二		
㊡	★	きこえさす	【聞こえさす】	サ下二		
㊡	★★	そうす・けいす	【奏す・啓す】	サ変		※「**奏す**」は**天皇**に対して「申し上げる」、「**啓す**」は**中宮や皇太子**に対して「申し上げる」の意。どちらもサ変動詞なので注意。
	★★★	たてまつる	【奉る】＊3	ラ四	与ふ やる	差し上げる・献上する （補助動詞の場合） 「お～する・（お）～申し上げる」
㊡	★★★	まゐらす	【参らす】	サ下二		
	★★★	まゐる	【参る】＊3	ラ四	行く やる	参上する・差し上げる
	★	まうづ	【詣づ】	ダ下二	行く	参上する・参詣する
	★	まかる・まかづ	【罷る・罷づ】	ラ四	去る 出づ	退出する
	★★	うけたまはる	【承る】	ラ四	聞く 受く	お聞きする・伺う・いただく
	★	たまはる	【賜る】＊4	ラ四	受く	いただく・頂戴する
	★★★	たまふ	【給ふ】＊5	ハ下二		～せていただく（～です／ます）

【主な丁寧語】

頻出度	尊敬語	漢字表記	活用	通常語	訳し方（本動詞の場合）
★★★	はべり	【侍り】	ラ変	あり をり	あります・おります ＊6 （補助動詞の場合）「～です／ます」
★★	さぶらふ（さうらふ）	【候ふ】	ハ四		

＊4…「たまはる」は主に**謙譲語**として使われるが、時々「たまふ」と同じ意味の**尊敬語**（訳：**お与えになる**）としても用いられる。

＊5…「給ふ」は**謙譲語**として用いられる場合もあり、謙譲語の場合は八行下二段活用（給へ｜へ｜ふ｜ふる｜ふれ｜へよ）になる。謙譲語の場合は主に**補助動詞**として使われ、「**～です／ます**」または「～せていただく」と訳す。

㊎主人の女ども多かりと聞き給へて、（訳：主人の娘たちが多いと聞きまして、（＝お聞きして、）

＊6…「侍り・候ふ」は、**謙譲語**（本動詞）で「**お仕えする**」と訳す場合もある。

❷ 問題演習

問1 傍線部(a)～(e)の「給ふ」の中で、敬語の用法がほかと異なるものを一つ選べ。（専修大）

この子のいはく、「しばし待ち給へ(a)。まろが参る物にかかり給へ(b)る母を持ち奉れり。かかる山の王住み給ふ(c)とも知らで、近く、と思ひ給へ(d)て、見侍りつるなり。むなしくなりなば、親もいたづらになり給ひ(e)なむ」と、涙を流して言ふときに、

（宇津保物語 ※一部省略）

1 2 3 4

解説▶傍線部の「給ふ」は、すべて動詞の連用形の下に付いているので、**補助動詞**である。左の表のとおり、「給ふ」が**四段**活用の場合は**尊敬語**、**下二段**活用の場合は**謙譲語**の用法である。つまり、「給ふ」は**活用（の種類）**がわかれば用法がわかる。

基本形	語幹	未然	連用	終止	連体	已然	命令	活用の種類	敬語の種類	訳し方（補助動詞）
給ふ	給	は	ひ	ふ	ふ	へ	へ	四段	尊敬語	～なさる・お～になる
	給	へ	へ	ふ	ふる	ふれ	へよ	下二段	謙譲語	～せていただく（～です／ます）

※下二段活用の終止形「ふ」と命令形「へよ」は用例がほとんどないので、存在しないと考えてよい。

(a)…「給へ」は、文末の命令形。命令形が「給へ」となるのは**四段**活用（＝**尊敬語**）の方である。

(b)…「給へ」は、下に**已然形**[*1]接続である存続の助動詞「る」が付いているので、**已然形**であるとわかる。已然形が「給へ」となるのは、**四段**活用（＝**尊敬語**）の方である。

「給ふ」の識別法

❶ 活用表を見ると、「給ふ」は活用形で用法がわかる。
給＋**は／ひ／ふ**→尊敬語
給＋**ふる／ふれ**→謙譲語

❷ 謙譲語（下二段活用）の「給へ」は、次の形以外で使われている用例がない。
(1)「**会話文**」の中にある。
(2)「**聞き**給へ」「**見**給へ」「**思ひ**給へ」「**覚え**給へ」「**知り**給へ」という形である。

例「もし昔の心ばへ失せずもや候ふと**思ひ**給へて、
（訳：「もしかすると以前の気持ちがなくなっていませんのではないかと**思い**まして、」）

※右記(1)・(2)以外の「給へ」はすべて**尊敬語**だと判断してよい。なお、設問の(a)・(b)・(c)・(e)は、それぞれ「聞き・見・思ひ・覚え・知り」以外の動詞に接続しているので、一発で**尊敬の補助動詞**であることがわかる。

(c)…この「給ふ」は、下に動詞の**終止形**に接続する接続助詞「とも」が付いているので、**終止形**であるとわかる。「給ふ」が終止形の場合、下二段活用（謙譲語）の用例はほぼ皆無なので、**四段活用の尊敬語**であると判断できる。

(d)…この「給へ」は、下に**連用形**接続の接続助詞「て」が付いているので、**連用形**。連用形で「給へ」になるのは、**下二段**活用（＝**謙譲語**）の方である。会話文中で、「聞き・見・思ひ・覚え・知り」などの動詞に付く「給へ」は謙譲語であると判断してよい（⬇❷）。

(e)…「給ひ」の形は、**四段**活用の**連用形**にしかない（⬇❶）ので、**尊敬語**だとわかる。下に付く「なむ」は、「強意＋推量」*2の助動詞である。

よって、(a)～(e)の「給ふ」の中で、(d)だけがほかと異なる謙譲語の用法である。

（答）(d)

【全文解釈】

（品詞分解：■動詞／■形容詞／■形容動詞／■副詞／■助動詞／■助詞／ほかは無色 ※品詞表示無し＝名詞）

[1] この子のいはく、「しばし待ち給へ。まろが参る物にかかり給へる母を持

この子供が《主格》言うことには、「しばらくお待ちになって《尊・補》ください。（私は）私の差し上げる《謙・本》物に命が掛かって《尊・補》いる母を

[2] ち奉れり。かかる山の王住み給ふとも知らで、近く、と思ひ給へて、見侍り

もっております《謙・補》。このような山の王様がお棲みになる《尊・補》ところとも知らないで、近く（に住もう）、と思いまして《謙・補》見ており《丁・補》

[3] つるなり。むなしくなりなば、親もいたづらになり給ひなむ」と、涙を流し

ましたのです。（私が）亡くなったならば《仮定》、親もきっとお亡くなりになるだろう」と、涙を流し

[4] て言ふときに、

て言うときに、

◆**補足説明**

＊1…**サ**変動詞の場合はその**未**然形に、**四**段動詞の場合はその**已**然形に接続する。**サ未四已**（さみしい）「り」と覚える。

＊2…助動詞「つ・ぬ」は主に完了の意味を表すが、下に推量の助動詞が付いた「てむ・なむ・つべし・ぬべし」の形はすべて「強意＋推量」（きっと…だろう）の意味になる。

✔ **単語チェック**

□まゐる【参る】動ラ四 ①参上する←〔行く／来〕の謙譲語 ②差し上げる

□むなし【空し】形シク ①からである ②死んでいる

□***いたづらなり【徒らなり】形動ナリ ①退屈だ・暇だ ②役に立たない・無駄だ ③死ぬ

問2 傍線部の「候ふ」はすべて同じ用法であるが、これらは尊敬・謙譲・丁寧のどれに該当するか。（中央大）

盗人《ぬすびと》いふやう「この一両日《いちりょうじつ》食物《じきもつ》絶えて、ずちなくひだるく候ふままに、
手にさはり候ひつるを、もののほしく候ふままに、つかみ食ひて候ひつる
が、〈中略〉」と言ふに、

（古今著聞集　※一部省略）

解説▼「侍り・候ふ」は、**謙譲語**（本動詞）で「お仕えする」と訳す用法もあるが、**丁寧語**としても使われる。傍線部の場合、「お仕えする」という意味になるような文脈ではないので、すべてが丁寧語の用法。

（答 丁寧）

【全文解釈】（品詞分解：動詞／形容詞／形容動詞／副詞／助動詞／助詞／ほかは無色　※品詞表示無し＝名詞）

盗人いふ（四[体]）やう「この（格助）一両日食物絶え（下二[用]）て（接助）、ずちなく（ク[用]）ひだるく（ク[用]）候ふ（四[体]）ままに（格助）、
盗人が言うには「この数日食べ物がなくなって、▼どうしようもなく▽空腹でおりましたので、〈丁・本〉

手に（格助）さはり（四[用]）候ひ（四[用]）つる（完了[体]）を（接助）、ものの（格助）ほしく（シク[用]）候ふ（四[体]）ままに（格助）、つかみ（四[用]）食ひ（四[用]）て（接助）候ひ（四[用]）つる（完了[体]）
手に（何かが）触れました〈丁・補〉ところ、〈単接〉ひたすらもの〈主格〉欲しくありました〈丁・補〉ので、（その手に触れたものを）つかんで食べま〈丁・本〉

が（接助）、〈中略〉」と（格助）言ふ（四[体]）に（接助）、
〈単接〉したところ、」と言うと、〈単接〉

✔単語チェック

- ★ずちなし【術無し】形ク ①どうしようもない
- ひだるし 形ク ①空腹だ

問3 傍線部(a)・(b)をそれぞれ口語訳せよ。（龍谷大・東京家政大）

1 ・（乳母子である惟光は）我が馬をば（源氏に）奉りて、(a)御供《おとも》に走りありく。（源氏物語）

2 ・あて宮は、御年十二と申しける二月に、御裳《みも》奉る、(b)ほどもなく大人になり

3 出で給ふ。（宇津保物語）

解説▶ 両方とも前に動詞がないので、「奉る」は本動詞の用法。(a)は乳母子の惟光が（自分よりも高貴な）光源氏に自らの馬を**差し上げて（献上して）**という文脈。(b)の御裳とは女性の元服の際に身につける衣類の一種。ここでは、「着る」の尊敬語＊1として使われているので「**お召しになる**」の意味になる。

（答）(a)差し上げる（献上する）　(b)お召しになる

【全文解釈】（品詞分解：動詞／形容詞／形容動詞／副詞／助動詞／助詞／ほかは無色　※品詞表示無し＝名詞）

1 ・（乳母子である惟光は）我が[格助]馬を[格助]ば[係助]（源氏に）奉り[四[用]〈謙・本〉]て[接助]、御供に[格助]走りありく[四[終]]。

（惟光は）自分の馬を光源氏に差し上げて、御供をしてあちこちを走り回る。

2 ・あて宮は[係助]、御年十二と[格助]申し[四[用]〈謙・本〉]ける[過去[体]]二月に[格助]、御裳奉る[四[体]〈尊・本〉]、ほども[係助]なく[ク[用]]大人に[格助]なり[四[用]]

あて宮は、お歳が12（歳）と申し上げたその二月に、（元服の儀式である）御裳をお召しになると、すぐに一人前の大

3 出で[下二[用]]給ふ[四[終]〈尊・補〉]。

人に成長なさった。

◆**補足説明**

＊1…「たてまつる」「まゐる」は主に**謙譲語**として使われるが、時々**尊敬語**（訳：お召しになる）としても用いられる。

☑**単語チェック**

□はしりありく【走り歩く】動カ四

①走り回る

問4 敬語は、尊敬語・謙譲語・丁寧語の3種類に分けられる。次の傍線部(a)〜(f)はこの三つのうちのどれか答えよ。（中京大）

・かかる人も世に出《い》で(a)おはするものなりけりと、（源氏物語） [1]

・雨もやいたく降り(b)はべると思へば、（蜻蛉日記） [2]

・（帝は）禄《ろく》どもしなじなに(c)たまはり給ふ。（源氏物語） [3]

・翁のあらむ限りは、かうても(d)いますかりなむかし。（竹取物語） [4]

・この阿闍梨《あじゃり》は冷泉院《れいぜいいん》にも親しく(e)さぶらひて、（源氏物語） [5]

・（中宮定子様の御所である）宮にはじめて(f)まゐりたるころ、（枕草子） [6]

解説

(a)…この「おはする」は、動詞「出で」の下に付いているので、**尊敬**の補助動詞の用法。「おはす」には、「あり」の**尊敬語**で「いらっしゃる」と訳す本動詞の用法もある。（答 尊敬語）

(b)…この「はべり」は動詞「降り」の下に付いているので補助動詞の用法。謙譲語「はべり」には補助動詞の用法はないので、**丁寧**の補助動詞。（答 丁寧語）

(c)…「たまはる」は、主に謙譲語（訳：いただく）として使われるが、尊敬語（訳：お与えになる）の用法もある。ここでは、主語が「帝」なので**尊敬語**の用法。（答 尊敬語）

(d)…「いますかり[*1]」は「おはす」と同様、「いらっしゃる」と訳す**尊敬語**。（答 尊敬語）

◆**補足説明**

＊1…ラ変動詞の「いますかり」は「いまそかり」という表記になることもある。意味などは一緒。

(e)…「さぶらふ」と「はべり」は、主に丁寧語として使われるが、「お仕えする」と訳す**謙譲語**（本動詞）の用法ももつ。ここでは、高貴な人物である「冷泉院にも」とあるので、**謙譲語**「お仕えする」と解釈する。　（答）**謙譲語**

(f)…「まゐり」は、**謙譲語**「**まゐる【参る】**」の連用形で、「参上する／差し上げる」の意味をもつ。「宮に」とあるので、「参上する」の意味。　（答）**謙譲語**

【全文解釈】

（品詞分解：動詞／形容詞／形容動詞／副詞／助動詞／助詞／ほかは無色　※品詞表示無し＝名詞）

1 ・**かかる人も世に出でおはするものなりけりと、**
このような人もこの世には出ていらっしゃるものであるのだなあと、

2 ・**雨もやいたく降りはべると思へば、**
雨がひどく降るのでしょうかと思うので、

3 ・（帝は）**禄どもしなじなにたまはり給ふ。**
帝は褒美なども身分に応じてお与えになる。

4 ・**翁のあらむ限りは、かうてもいますかりなむかし。**
この翁の生きている間は、今のままでもきっといらっしゃることができるだろうよ。

5 ・**この阿闍梨は冷泉院にも親しくさぶらひて、**
この（僧である）阿闍梨は冷泉院にも近くにお仕えして、

6 ・**宮にはじめてまゐりたるころ、**
（中宮定子様の）御所に初めて参上した頃、

✔単語チェック

□ **いたく【甚く】** 副
①ひどく・はなはだしく
②たいして・それほど〈↓打消〉

問5 **次の文は、中納言の君が寺院の中で体験した話である。傍線部(a)「聞こゆ」と同じ意味・用法のものを、後の①～④の中から一つ選べ。**（筑波大）

（ふと隣の部屋から泣き声がしたので）この中隔ての屏風《びやうぶ》のつらに寄りて、ここにもながめ侍りしかば、いみじう忍びやかに、「いとふ身は　つれなきものを　憂きことを　あらしに散れる　木の葉なりけり〈中略〉」と(a)聞こゆべきほどもなく聞きつけて侍りしほどの、まことにいとあはれにおぼえ侍りながら、

（堤中納言物語）

① 光君といふ名は、高麗人の愛で聞こえて、つけ奉りけるとぞ、
② 雨と聞こえつるは、木の根より水の流るる音なり。
③ つれづれともの悲しくておはしましければ、やや久しく候ひて、いにしへのことなど思ひ出で聞こえけり。
④ かくてまた嵯峨の御時に、源の忠常と聞こゆる左大臣おはしけり。

解説 「きこゆ【聞こゆ】」は、「言ふ」の謙譲語（訳：申し上げる）もしくは「（音が）聞こえる・評判になる」という意味のふつうの動詞として用いられる。傍線部(a)は、文脈から「（声が）聞こえる」の方であると解釈できる。選択肢の①は動詞の下に付いているので、謙譲語の補助動詞の用法。②は後にも「音」とあり、文脈的にも「（音が）**聞こえる**」と解釈できる。③・④は文脈的に謙譲語の本動詞の用法。

（答 ②）

❖選択肢の訳

① 光る君という名は、高麗人が褒め申し上げて、おつけ申し上げたということが、
② 雨の音のように聞こえていたのは、木の根のところから流れる水の音だった。
③ （親王は）しんみりとなんとなく悲しげな様子でいらっしゃったので、（男は）かなり長い時間（その場に）お仕え申し上げて、昔のことなどを思い出して（お話し）申し上げた。
④ こうしてまた嵯峨天皇の御治世に、源忠常と申し上げる左大臣がいらっしゃった。

【全文解釈】

（品詞分解：■動詞／■形容詞／■形容動詞／■副詞／■助動詞／■助詞／ほかは無色 ※品詞表示無し＝名詞）

1 （ふと隣の部屋から泣き声がしたので）この中隔ての屏風のつらに寄りて、ここにもながめ侍りしか

（の 格助／の 格助／の 格助／に 格助／寄り 四[用]／て 接助／に 格助／も 係助／ながめ 下二[用]／侍り ラ変[用]〈丁・補〉／しか 過去[已]）

その中隔ての屏風のそばに寄って、▽眺めておりましたらば、

2 ば、いみじう忍びやかに、「▼いとふ身は▼つれなきものを▼憂きことをあらし

（ば 接助〈単接〉／いみじう シク[用]／忍びやかに ナリ[用]／いとふ 四[体]／は 係助／つれなき ク[体]／を 接助〈逆接〉／憂き ク[体]／を 格助）

非常にひそやかに、「（この世を）嫌うこの自分の身は平気な様子なのに、何もつらいこ

3 に散れる木の葉なりけり〈中略〉」と聞こゆべきほどもなく聞きつけて侍りし

（に 格助／散れ 四[已]／る 存続[体]／の 格助／なり 断定[用]／けり 詠嘆[終]／と 格助／聞こゆ 下二[終]／べき 可能[体]／も 係助／なく ク[用]／聞きつけ 下二[用]／て 接助／侍り ラ変[用]〈丁・補〉／し 過去[体]）

とは『あらじ（＝ないだろう）』と思われる木の葉は『嵐』に散っていることよ」と（いう歌が）聞こえるでもなく聞きつ

4 ほどの、まことに▼いとあはれにおぼえ侍りながら、

（の 格助〈主格〉／あはれに ナリ[用]／おぼえ 下二[用]／侍り ラ変[用]〈丁・補〉／ながら 接助）

けましたときは、実に大変しみじみと風情のあるように思われましたが、

✓単語チェック

- □つら 名
  ①顔 ②そば
- □★★いとふ【厭ふ】動ハ四
  ①出家する・世俗を避ける ②嫌う
- □★★つれなし【連れ無し】形ク
  ①薄情だ・冷淡だ ②平気な様子だ
- □★★★うし【憂し】形ク
  ①つらい ②嫌だ ③冷たい
- □★★★あは《ワ》れなり 形動ナリ
  ①しみじみと…だ ②気の毒だ ③趣深い

第29回

敬語

HONORIFIC

敬意の方向

頻出度
B
学習時間
25分
学習日
／

❶要点整理

① 敬語を見たら、まず「**誰から**」の敬意なのかを考える。

- 敬語が**地**《じ》**の文**（＝「　」の文や和歌以外の文）の中にある→「**作者から**」の敬意
- 敬語が**会話文**（＝「　」の文）の中にある→「**話し手から**」の敬意

② 次に、「**誰へ**」の敬意なのかを考える。

- **尊敬語**→「動作の主語へ」の敬意
- **謙譲語**→「動作の受け手（目的語）へ」の敬意 ＊1
- **丁寧語**→「読者・聞き手へ」の敬意 ＊2

③ 敬語のある文章を読むときは、その文が**常体の文**（＝敬語のない文）なのか、**尊敬語の文**なのか、**二重敬語（最高敬語）の文**なのかに注目する。例えば、登場人物がAとBの二人で、Aの方が身分が高いとすると、次のような構造になることが多い。

- パターン1　Aの動作＝尊　敬　語／Bの動作＝**尊敬語は使わない**
- パターン2　Aの動作＝**二重敬語**／Bの動作＝**ふつうの尊敬語**

→これを区別することで、主語のない文でも、AとBのどちらが主語なのかがわかる。

◆**補足説明**

＊1…会話文では、**相手**の動作は**尊敬語**で表し、**自分**の動作は**謙譲語**で表すことが多い。

＊2…会話文で**丁寧語**が使われているときは、**話し手**よりも聞き手の方が高貴である場合が多い。

❷ 問題演習

問1 次の文章は、光源氏が亡き妻葵の上の母にあたる大宮に話をする場面である。口語訳を参考にして傍線部(a)〜(d)の「敬語の種類」と「敬意の方向」について、例にならって答えよ。

例 （醍醐天皇は）重く患はせ給ひて、（宇治拾遺物語）

答 敬語の種類 **尊敬語**／敬意の方向 **作者→醍醐天皇**

「みづからは、九重※1の中《うち》に生《お》ひ出ではべり(a)て、世の中の有様《ありさま》も知りはべらず、夜昼《よるひる》御前にさぶらひ(b)て、わづかになむ、はかなき書《ふみ》なども習ひはべりし。〈中略〉」など聞こえ(c)知らせたまへ(d)ば、（源氏物語）

（訳）「私自らは、宮中の中で生まれ育ちまして、この世の中の様子も知らないままに、一日中、父の桐壺《きりつぼ》帝にお仕えして、かろうじて、取るに足りない程度の漢文（の書物）なども習いました。〈中略〉」などと（光源氏は大宮に）知らせ申し上げなさったところ、

解説▼「誰から誰への敬意なのか」は、地の文と会話文で頭を切り替えて読解すること。

(a)…この「はべり」は、動詞「出で」に付いているので、「〜です・〜ます」と訳す**丁寧**の補助動詞の用法。敬語が**会話文**の中にあるので**話し手**（**光源氏**）**から**の敬意であり、また**丁寧語**なので**聞き手**（**大宮**）**への**敬意であることがわかる。

（答 **丁寧語／光源氏→大宮**）

(b)…「さぶらひ」はハ行四段活用動詞「さぶらふ【候ふ】」の連用形で、(a)の「はべり」と同じ意味・

（注）
※1 九重（ここのへ）…宮中。皇居。内裏（だいり）のこと。

用法。「さぶらひ」の上に動詞はないので、本動詞の用法。「御前に」とあるので、謙讓語「お仕えする」で解釈できる。敬語が会話文の中にあるので、話し手(光源氏)からの敬意。謙讓語なので、動作の受け手(桐壺帝)を高めている。

(答)謙讓語/光源氏→桐壺帝

(c)…「聞こえ」は、ヤ行下二段活用動詞「聞こゆ」の連用形。光源氏が大宮に「申し上げる」という謙讓語(本動詞)の用法。地の文にあるので作者からの敬意。また、謙讓語なので、「申し上げる」という動作の受け手(大宮)への敬意。

(答)謙讓語/作者→大宮

(d)…「たまへ」は八行四段活用動詞「たまふ」の已然形。動詞(+助動詞)の下に付いた「せたまふ・させたまふ・しめたまふ」の「たまふ」は尊敬の補助動詞。地の文なので作者から、尊敬語なので動作の主語(光源氏)への敬意。

(答)尊敬語/作者→光源氏

助動詞の用法。尊敬の助動詞「す・さす・しむ」の已然形。

氏)への敬意。

【全文解釈】

「みづからは、九重の中に生ひ出ではべりて、世の中の有様も知りはべら
ず、夜昼御前にさぶらひて、わづかになむ、はかなき書なども習ひはべり
し。」など聞こえ知らせたまへば、

（品詞分解…■動詞/■形容詞/■形容動詞/■副詞/■助動詞/助詞/ほかは無色　※品詞表示無し＝名詞）

［係助］［格助］　［格助］　［下二用］［ラ変・丁補］［接助］　［格助］　［格助］　［係助］　［四用］　［ラ変・未］［打消・用］［副］［格助］［四用/謙本］［尊敬用］［接助］［ナリ用］［係助］［ク体］　［副助］　［四用］［ラ変・丁補］［過去・体］［副助］［下二用/謙本］［四未］［尊敬用］［四已/尊補］［接助］

③　　　②　　　①

「私自らは、宮中の中で生まれ育ちまして、この世の中の様子も知らないまま、一日中、父の桐壺帝にお仕えして、かろうじて、取るに足りない漢文〈の書物〉なども学びまし た。」などと〈光源氏が大宮に〉知らせ申し上げなさったところ、

◆補足説明

*1…謙讓語(下二段活用)の「給へ」は、次の形以外で使われている用例がない。

(1)【会話文】の中にある。

(2)【聞き給へ】【見給へ】「思ひ給へ」「覚え給へ」「知り給へ」という形。

☑単語チェック

□わづかなり【僅かなり】形動ナリ
①すこし　②かろうじて

□はかなし【果無し】形ク
①つまらない・はかない
②頼りにならない
③取るに足りない

□ならふ【慣らふ・習ふ】動八四
①慣れる・慣れ親しむ　②学ぶ

問2 次の文章は『枕草子』の一節で、筆者の清少納言が中宮定子に仕えているときの、ある女房が語り始めるところから描かれている。これを読んで後の問に答えよ。

「無名《むみやう》といふ琵琶《びは》の御琴《こと》を上※1の持てわたらせ(a)給へるに、見などして、かき鳴らしなどす」と言へば、弾くにはあらで、緒《を》などを手まさぐりにして、「これが名よ、いかにとか」と(b)聞こえさするに、（中宮が）「ただいとはかなく、名も無し」とのたまはせたるは、なほいとめでたしとこそおぼえしか。

淑景舎※2などわたり給ひて、御物語のついでに、「まろがもとにいとをかしげなる笙《さう》の笛《ふえ》こそあれ。故殿※3の得させ(c)給へりし」とのたまふを、僧都※4の君、「それは隆円《りゅうゑん》に賜へ。おのがもとにⒶめでたき琴侍り。それに代へさせ(d)給へ」と(e)申し(f)給ふを、聞きも入れ給はで、異事《ことごと》をのたまふに、いらへさせ奉らむとあまたたび聞こえ給ふに、Ⓑなほものものたまはねば、宮※5の御前《おまへ》の、「いなかへじと思したるものを」とのたまはせたる御けしきの、いみじうをかしきことぞ限りなき。この御笛の名、僧都の君もえ知り給はざりければ、ただうらめしう思《おぼ》いためる。これは、職《しき》の御曹司《みざうし》におはしましほどの事なめり。上の御前に「いなかへじ」といふ御笛の(g)候ふ名なり。

（注）
※1 上（うえ）…一条天皇のこと。中宮定子の夫。
※2 淑景舎（しげいさ）…平安京内裏五舎の一つ。ここでは、そこに住む中宮定子の妹（原子）のこと。
※3 故殿（ことの）…亡き主君。ここでは中宮定子の父親（藤原道隆）のこと。
※4 僧都の君（そうづのきみ）…中宮定子の弟（隆円）のこと。
※5 宮の御前（みやのおまえ）…中宮定子のこと。

問1　二重傍線部(a)〜(g)の敬語は、(Ⅰ)**誰から**、(Ⅱ)**誰へ**の敬意か。以下の①〜⑧の中からそれぞれ一つずつ選び、記号で答えよ。

①一条天皇（上）　②中宮定子（宮の御前）　③淑景舎
④僧都の君（隆円）　⑤故殿（藤原道隆）　⑥女房
⑦読者　⑧清少納言（筆者）

問2　傍線部Ⓐ・Ⓑを現代語訳せよ。

解説▶敬語が**地の文**にある場合は「作者（筆者）から」、**会話文**にある場合は「話し手から」の敬意。また、**尊敬語**は「動作の主語」へ、**謙譲語**は「動作の受け手（目的語）」へ、**丁寧語**は「読者・聞き手」への敬意。

問1

(a)…**会話文**にある**尊敬**の補助動詞「給ふ」なので、話し手（**女房**）から主語（**上**）への敬意を表している。　（答 (Ⅰ)⑥ (Ⅱ)①）

(b)…この「聞こえさする」は、**謙譲語**「聞こえさす」の連体形で、上に動詞がないので、補助動詞（訳：お〜する・〔お〕〜申し上げる）ではなく本動詞（訳：申し上げる）の用法。**地の文**なので**筆者**（**清少納言**）から、「申し上げる」の受け手である**中宮**への敬意。　（答 (Ⅰ)⑧ (Ⅱ)②）

(c)…「させ給へ」は、尊敬の助動詞「さす」の連用形（させ）に**尊敬**の補助動詞「給へ」が付いた二重敬語の形。**淑景舎**の会話文の中にあり、「得させ給へ」の主語は「**故殿**」。　（答 (Ⅰ)③ (Ⅱ)⑤）

(d)…(c)と同様、「させ給へ」の「給へ」は**尊敬**の補助動詞。**僧都の君**の会話文の中にあり、その動作の主語は「**淑景舎**」。（答 (Ⅰ)④ (Ⅱ)③）

(e)…この「申し」は、上に動詞がないので**謙譲**の本動詞（訳：申し上げる）。地の文なので**筆者**から、「申し上げる」動作の受け手（**淑景舎**）への敬意を表している。（答 (Ⅰ)⑧ (Ⅱ)③）

(f)…「申し給ふ」の「給ふ」は尊敬の補助動詞。地の文なので**筆者**から、「申し上げる」動作の主語（**僧都の君**）への敬意を表している。（答 (Ⅰ)⑧ (Ⅱ)④）

(g)…この「候ふ」[＊1]は、上に動詞がないので本動詞の用法。ここでは、笛が「あります」と解釈できるので**丁寧語**。地の文にあるので、**筆者から読者へ**の丁寧な表現である。（答 (Ⅰ)⑧ (Ⅱ)⑦）

問2

(a)…「めでたき／琴／侍り」と単語分けできる。「めでたき」は「**すばらしい**」と訳すク活用の形容詞「めでたし」の連体形で、下に続く「琴」を修飾している。「侍り」は「あります［ございます］・おります」と訳す丁寧語。（答 **すばらしい琴があります［ございます］**）

(b)…「なほ／もの／も／のたまは／ね／ば」と単語分けできる。「なほ」は「やはり・相変わらず」などと訳す副詞。「もの」は「もの・こと（思ったり話したりすること）」という意味の名詞。「も」は強意の係助詞（特に訳す必要はない）。「のたまは」は「**おっしゃる**」と訳す尊敬語「のたまふ」の未然形。「ね」は打消の助動詞「ず」の已然形。「ば」は接続助詞で、「已然形＋ば、」の形で原因《げんいん》・理由（…**ので**）を表す。（答 **やはり何もおっしゃらないので**）

◆**補足説明**

＊1…「候ふ」が本動詞の場合、高貴な人物に「お仕えする」と訳す謙譲語の場合と、「あります・おります」と訳す丁寧語の場合があるが、文脈で容易に判別できる。

●**2方面の敬意**

上記(e)・(f)の「申し給ふ」という表現に注目。作者である清少納言は、この「申し」で淑景舎への敬意を、「給ふ」で僧都の君への敬意を表している。つまり、一つの表現で2方面への敬意を同時に表すという「一石二鳥」的な文章術なのである。

【全文解釈】

（品詞分解：■動詞／■形容詞／■形容動詞／■副詞／■助動詞／■助詞／ほかは無色 ※品詞表示無し＝名詞）

「無名といふ琵琶の御琴を上の持てわたらせ給へるに、見などして、かき

「無名という名の琵琶の御琴を帝が（中宮様のお部屋に）もっていらっしゃったので、（女房たちが）見たりして、か

鳴らしなどす」と言へば、弾くにはあらで、緒などを手まさぐりにして、

き鳴らしたりする」と（女房が）言うので（そこに行くと）、琴を弾くのでもなく、弦などを手でまさぐりながら、（女房

「これが名よ、いかにとか」と聞こえさするに、（中宮が）「ただいとはかなく、

が）「この琴の名前は、何というのでしょうか」と（中宮様に）申し上げたところ、（中宮様は）「単に大変つまらなく、

名も無し」とのたまはせたるは、なほいとめでたしとこそおぼえしか。

名前もないものなのよ」とお答えになられたのは、やはりとてもすばらしいと思われた。

淑景舎などわたり給ひて、御物語のついでに、「まろがもとにいとをかし

淑景舎様などがいらっしゃって、（中宮様と）お話しをなさったついでに、「私のところにとても趣の

げなる笙の笛こそあれ。故殿の得させ給へりし」とのたまふを、僧都の君、

ある笙の笛があります。今は亡き父上がお与えなさったものなのです」とおっしゃると、僧都の君が

「それは隆円に賜へ。おのがもとにめでたき琴侍り。それに代へさせ給へ」

「それを私隆円にお与えください。私のところにすばらしい琴がございます。それと交換なさってください」と

と申し給ふを、聞きも入れ給はで、異事をのたまふに、いらへさせ奉らむ

申し上げなさるが、（淑景舎様は）全くお聞きにならないで、（笛と）異なることをお話しになるので、（隆円様は）なん

☑単語チェック

□★★ただ【唯・只・直】副
①ひたすら・単に・ほんの ②まるで〈↓ごとし〉 ③直接・じかに・すぐに

□★★★はかなし【果無し】形ク
①つまらない・はかない ②頼りにならない

□★★めでたし【愛でたし】形ク
①すばらしい

□をかしげなり【をかし気なり】形動ナリ
①いかにも趣がある

□★★いらふ【答ふ・応ふ】動ハ下二
①返事する ②返歌する

□★いな【否】感
①いいえ・いや

□★★★オをかし【招かし】形シク
①趣がある ②かわいい ③妙だ ④見事だ

とあまたたび聞こえ給ふに、なほものものたまはねば、宮の御前の、「いな

とか返事させ申し上げようと何度も申し上げなさるのだが、やはり何もおっしゃらないので、中宮様が、「いなかへじ

かへじと思したるものを」とのたまはせたる御けしきの、いみじうをかし

（＝いや取り替えたくない）と（淑景舎様は）お思いになっているのに」とおっしゃったご様子は、非常に才気にあふれ

きことぞ限りなき。この御笛の名、僧都の君もえ知り給はざりければ、た

てこの上もないことよ。　この御笛の名前を、僧都の君も知りようもなさらなかったので、ただ

だうらめしう思いためる。これは、職の御曹司におはしまいしほどの事な

恨めしくお思いになったようだ。　これは、（中宮様が）職の御曹司にいらっしゃったときに起こったことである

めり。上の御前に「いなかへじ」といふ御笛の候ふ名なり。

ようだ。　帝の御前に「いなかへじ」という御笛がおありのその名前である。

第30回

修辞法

RHETORIC

和歌の修辞法

頻出度
D
学習時間
25分
学習日
／

❶ 要点整理

① 枕詞《まくらことば》…ある語句を導くための前置きの詞《ことば》。基本的に5音からなり、初句か第三句にある。

「〜の」で終わるものが多い。

※鮮やかな「イメージ」を添える働きをするが、特に訳す必要はない。また、試験で直接問われることは少ない。

② 掛詞《かけことば》…一つの言葉に二つの意味を兼ねる技巧（いわゆる**同音意義語**のシャレ）。

※片方は**自然**に関する意味、もう片方は**人事**に関する意味というケースが多い。

頻出度	枕詞	下に導く語（例）
★★	ひさかたの	光・天・月
★	くさまくら	旅・露
★★	ぬばたまの	黒・夜
★	たらちねの	母・親
★	からころも	着る・裁つ
★★	あづさゆみ	張る・引く・射る
★	うつせみの	世・命・人
★	しろたへの	衣・袖・袂
★	あをによし	奈良
★	ちはやぶる	神

頻出度	掛詞	掛けられている言葉
★	かる	枯る／離る
★★	ながめ	長雨／眺め
★★★	あふ	逢坂／逢ふ
★★★	まつ	松／待つ
★	ふみ	文／踏み
★★★	ふる	降る／経る／古る／振る
★	よる	夜／寄る
★★★	よ	夜／世／節
★★	あき	秋／飽き
★★★	すむ	住む／澄む

●和歌とは？

奈良時代に生まれた日本固有の詩歌のことを和歌という。「五・七・五・七・七」の五句31音からなる和歌を「短歌」といい、平安時代以降は和歌といえば短歌をさすようになった。「大和歌」ともいわれる。

●和歌の修辞法とは？

「修辞法」とは、言葉を巧みに用いて美しく効果的に表現する技術のこと。レトリック。和歌には様々な修辞法が用いられているが、特によく使われるのが上記の四つである。

③ **序詞《じょことば》**…ある言葉を導き出すためにその前に置かれる、**6音以上**の「**たとえの部分**」のこと。

(例) 瀬をはやみ 岩にせかるる 滝川の われても末に あはむとぞ思ふ （詞花集）

（川瀬の流れが速いので、岩によって二つに分けられてもまた一つに合流する滝川のように、別れてもまためぐりあおうと思うのだ）

※初句から始まり、最後は比喩用法の格助詞「の」を使った「…の」の形で終わる場合が多い。

※「五・七」や「五・七・五」の場合が多い。「**…のように**／**…ではないが**」などと訳す。

④ **縁語《えんご》**…和歌の中で、中心となる語から連想される語を意識的にほかの箇所に使用する技法。

(例) おほけなく うき世の民《たみ》に **おほふ**かな わが**たつ**杣《そま》に すみぞめの袖 （新古今和歌集）

（〔わが身としては〕恐れ多くも、このつらい俗世の民におおいかけることよ。比叡山に住んでから着ている私の墨染めの袖を）

→「袖」から連想される「おほふ【覆ふ】」「たつ【裁つ】」が縁語になっている。

縁語（とその使用パターン例）	
糸	ほころぶ・乱る・よる
衣	着る・褄・はる・裁つ
袖	結ぶ・とく・裁つ・はる・覆ふ・涙
鈴	振る・鳴る
弓	張る・引く・射る

縁語の可能性が高い語

糸・衣・袖・緒・藻塩・
波・難波江・煙・露・
浦・芦・川・草・弓・
竹・月・髪・笠

❷ 問題演習

問1 次の和歌の「あづさ弓」は「そる」などの言葉を導くための5音の修辞的な言葉である。このような言葉を一般に何とよぶか。漢字で記しなさい。（千葉大）

あづさ弓　そるをうらみと　思ふなよ　真《まこと》の道に　いるぞうれしき
（横笛草紙）

解説▼ある言葉を導くための前置きの詞を**枕詞**という。枕詞は基本「5音」で初句か第三句にある。序詞は「6音以上のたとえの部分」なので混同しないよう注意。なお、「あずさ弓」と「そる【反る】」と「いる*1【射る】」は**縁語**関係にもなっている。

（答）**枕詞**

【全文解釈】（品詞分解：■動詞／■形容詞／■形容動詞／■副詞／■助動詞／■助詞／ほかは無色　※品詞表示無し＝名詞）

あづさ弓　そる（四[体]）を（格助）うらみと（格助）　思ふ（四[終]）な（終助）よ（間助）　真の（格助）道に（格助）　いる（四[体]）ぞ（係助）うれしき（シク[体]）

髪を剃って出家した私を恨みに思ってくれるな。▽仏道に入るのは喜ばしいことであるから。

問2 空欄に入れるのに最も適当な言葉を、後の①～⑤の中から一つ選べ。

〔　　〕月だに日の光をかりて照れば、露また月の光をかりてつらぬきとめぬ玉ともちるなり。
（鶉衣）

①ひさかたの　②たらちねの　③あをによし　④ちはやぶる　⑤あしびきの

◆補足説明

*1…「いる」は「入《い》る」と「射《い》る」の掛詞にもなっている。

✔単語チェック

□まことのみち【真の道】名
①仏道

解説▼選択肢①〜⑤はすべて枕詞。①**「ひさかたの【久方の】」**は「**光・天・月**」を導く。②「たらちねの」は「母」を、③「あをによし」は「奈良」を、④「ちはやぶる」は「神」を、⑤「あしびきの」は「山」を導く。（答①）

【全文解釈】　（品詞分解：■動詞／■形容詞／■形容動詞／■副詞／■助動詞／■助詞／ほかは無色　※品詞表示無し＝名詞）

ひさかたの〔格助〕月だに〔副助〕日の〔格助〕光を〔格助〕かり〔四[用]〕て〔接助〕照れ〔四[已]〕ば〔接助〕、露また月の〔格助〕光を〔格助〕かり〔四[用]〕て〔接助〕つらぬ〔四[用]〕
きとめ〔下二[未]〕ぬ〔打消[体]〕玉と〔格助〕も〔係助〕ちる〔四[体]〕なり〔断定[終]〕。

空の月でさえも〈類推〉日の光を借りて照っているので、〈原因〉露もまた月の光を借りて貫いて留めない玉として散るのである。

問3 傍線部に使用されている修辞として適当なものを、後の①〜④の中から選べ。

<u>みかの原 わきて流るる</u> いづみ川 いつみきとてか 恋しかるらむ（新古今和歌集）

① 掛詞　② 序詞　③ 縁語　④ 枕詞

解説▼傍線部の「いづみ川」の「いづみ」と後に続く「いつみ」が同音。このように同音の語が続く場合、二つ目の語の手前までが序詞である場合が多い。ここでは「…いづみ川」までが**序詞**。次の【全文解釈】を参照しておくこと。序詞の部分がたとえになっている。（答②）

【全文解釈】（品詞分解：■動詞／■形容詞／■形容動詞／■副詞／■助動詞／■助詞／ほかは無色 ※品詞表示無し＝名詞）

みかの原 わきて流るる いづみ川 いつみきとてか 恋しかるらむ

みかの原を二つに分けて流れる泉川の、その「いつみ」ではないが、いったいいつ見たといってあなたのことがこんなに恋しいのであろうか。

問4 次の和歌には掛詞と序詞の技法が使われている。空欄に最も適当なものを、後の①～⑤の中から一つ選べ。（学習院大）

風吹けば 沖《おき》つ白波《しらなみ》〔　　〕夜半《よは》にや君が ひとり越ゆらむ （大和物語）

① うねび山　② たつた山　③ いもせ山　④ たむけ山　⑤ みかさ山

解説 ▼ 空欄前に「白波」という語句がある。波が立つというイメージをふくらませること。「風が吹くと波が『立つ』その『立つ』ではないが、」という掛詞的な意味合いも兼ねて「**龍田山**《たつたやま》」を導いている。初句から第三句「しらなみ」までが序詞になっている。（答 ②）

【全文解釈】（品詞分解：■動詞／■形容詞／■形容動詞／■副詞／■助動詞／■助詞／ほかは無色 ※品詞表示無し＝名詞）

風吹けば 沖つ白波 たつた山 夜半にや君が ひとり越ゆらむ

風が吹くと〈偶然〉沖の〈連体格〉白波が立つが、龍田山をこの夜中にはあの人が一人で越えているのだろうか。

単語チェック

★★ □わく【別く・分く】動カ四／カ下二
①区別する・別にする・分ける
②理解する・判断する

単語チェック

□つ 助
①～の・～にある
※連体格（～の）を表す奈良時代の格助詞。体言や形容詞の語幹に接続する

問5 **次の和歌の傍線部(a)・(b)は掛詞になっている。何と何が掛けられているかを記しなさい。**（共立女子大・日本女子大）

・ながむれば 山よりいでて 行く月も 世にすみわびて 山にこそ入れ（源氏物語） 1

・名も高く 初瀬《はつせ》の寺の かねてより 聞き来し音を 今ぞ聞きける（菅笠日記） 2

解説

(a)…傍線部(a)の前に「月」と「世」に注目。月が空に曇りなく見えるという意味の「**澄み**」と、世の中の「**住み**にくさ」が掛かっている。

（答「住み」と「澄み」）

(b)…「かねて」の前に「寺の」とあるので、この「かね」は寺の「**鐘**《かね》」のこと。これに「前々から」という意味の「**かねて【予ねて】**」を掛けている。

（答「鐘」と「かねて」）

【全文解釈】

（品詞分解：動詞／形容詞／形容動詞／副詞／助動詞／助詞／ほかは無色　※品詞表示無し＝名詞）

・ながむれ〔下二[已]〕ば〔接助〕 山より〔格助〕いで〔下二[用]〕て〔接助〕 行く〔四[体]〕月も〔係助〕 世に〔格助〕すみ〔四[用]〕わび〔上二[用]〕て〔接助〕 山に〔格助〕こそ〔係助〕入れ〔四[已]〕 1

空を眺めていると、〈偶然〉山の端から出て行く澄みわたっている月も、この世を住みかねて山に入っていくではないか。

・名も〔係助〕高く〔ク[用]〕 初瀬の〔格助〕寺の〔格助〕 かねてより〔格助〕 聞き〔四[用]〕来〔カ変[未]〕し〔過去[体]〕音を〔格助〕 今ぞ〔係助〕聞き〔四[用]〕ける〔詠嘆[体]〕 2

名高い長谷寺の鐘の前々から聞いていた音を、〈起点〉今でもここで聞いていることよ。

単語チェック

□ながむ【眺む・詠む】動マ下二 ★★
①物思いにふける ②（和歌や漢詩を）口ずさむ ③（遠くを）眺める

□わぶ【侘ぶ】動バ上二 ★★
①…しかねる ②気弱になる

問6 次の和歌の中には縁語や掛詞が多用されている。「よき」は「斧《よき》」と、もう一つ何という語の掛詞となっているか。また、この和歌に用いられている縁語を指摘せよ。（武蔵大）

今は昔、木こりの、山守に斧《よき》をとられて、わびし、心うしと思ひて、〈中略〉
あしきだに なきはわりなき 世の中に よきをとられて 我いかにせん
（宇治拾遺物語）

解説 「あしき」は形容詞「あし【悪し】」の連体形。「悪し」の反対語は「良し」で、その連体形が「よき【良き】」。このように、相互に関係する語を用いるのが縁語。この「よき」は、「あしき」の縁語であると同時に、「斧《よき》」の掛詞にもなっている。

（答 掛詞：良き　縁語：「よき」と「あしき」）

【全文解釈】（品詞分解：■動詞／■形容詞／■形容動詞／■副詞／■助動詞／■助詞／ほかは無色 ※品詞表示無し＝名詞）

今は昔、木こりの、山守に斧をとられて、わびし、心うしと思ひて、〈中略〉
今となっては昔のことだが、木こりが、山の番人に斧を取られて、つらい、嫌だと思って、

あしきだに なきはわりなき 世の中に よきをとられて 我いかにせん
（価値のない）悪いものでさえないとつらいこの世の中で、良いものである斧を取られて私はどうしたらいいのか。

✔単語チェック

□★★★ **わびし**【侘し】形シク　①つらい　②さびしい

□★★★ **こころうし**【心憂し】形ク　①つらい　②嫌だ

□★ **わりなし**【理無し】形ク　①道理に合わない　②つらい・苦しい

問 7 以下の和歌の中で使用されている縁語について、解釈を参考にしながら説明せよ。

鈴鹿山　憂き世をよそに　ふり捨てて　いかになりゆく　わが身なるらん

（新古今和歌集）

（解釈）つらいこの世を振り捨てて鈴鹿山を越えていくのだが、この先どうなってゆくわが身であろうか。

解説▼縁語は地名を表す語によく使われる。「鈴鹿山」の「鈴」に注目すると、そのイメージから「**ふり**【振り】」と「**なり**【鳴り】」という縁語が見えてくる。縁語や掛詞は、複数の意味を込めているため、あえて「平仮名」で表記されることが多い。よって、和歌の修辞法を探すときは、平仮名に注目するとよい。

（答「鈴」と「ふり」と「なり」が縁語関係になっている。）

【全文解釈】

（品詞分解：■動詞／■形容詞／■形容動詞／■副詞／■助動詞／■助詞／ほかは無色　※品詞表示無し＝名詞）

鈴鹿山　憂き世をよそに　ふり捨てて　いかになりゆく　わが身なるらん

つらいこの世を振り捨てて鈴鹿山を越えていくのだが、この先どのようになってゆくわが身であろうか。

✔単語チェック

□うし【憂し】形ク

①つらい　②嫌だ　③冷たい

COLUMN　名歌の中の重要文法⑥

紀友則　〜隠題《かくしだい》・詠嘆「けり」・句切れ〜

秋近う　野はな《（きちかうのはな＝桔梗の花）》りにけり　白露の　置ける草葉も　色変はりゆく

（『古今和歌集』・物名・四四〇・紀友則）

【訳】野辺は秋が近くなってしまったなあ。白露が置いてある草葉も色あせていく。

「なりにけり」の「なり」はラ行四段活用動詞「なる【成る】」の連用形で、「に」は完了の助動詞「ぬ」の連用形、「けり」は詠嘆の助動詞「けり」の終止形です。「けり・かな・や」などには句切れが生じますので、この歌は二句切れですね。初句と第二句の「あき**ちかう　のはな**りにけり」に「**きちかうのはな**（＝桔梗の花）」という花の名称が詠みこまれています。このような修辞を隠題《かくしだい》とよびます。詠み手の紀友則《きのとものり》は平安前期の歌人で、次の百人一首の歌が有名です。

久方の　光のどけき　春の日に　しづ心なく
花の散るらむ

（『古今和歌集』・春下・四四〇・紀友則）

【訳】光のどやかなこんな春の日に、どうして落ち着いた心もなく桜の花は散っているのだろう。

歌風はしみじみとした無常観を感じるものが多いですね。『古今和歌集』の撰者の一人ですが、残念なことに撰集の完成を待たずに没したと言われています。友則の歌にいつも何かはかないものを感じてしまうのは、彼の最期の姿を重ね合わせてしまうからかもしれません。

◆レベルアップおめでとう！

さて、「レベル① 文法編」はこれでおしまいです。最後までよく頑張りましたね。

レベル①では、短めの問題文（主に入試問題より抜粋）を通して、古文全体の基礎となる古典文法を一気に身につけました。本書を終えたみなさんはすでに、大学受験に必要な文法知識が十分に身につき、古文を一文一文正確に読み取る力がついているはずです。

ただ、文法がわかれば入試問題全文を読解できるかというと、そうではありません。古文では、主語などが頻繁に省略されますし、当時の文化や風習、単語の意味も現代とは全く異なる場合が多い。そのため、文脈をつかみながら読解することが難しいわけです。

レベル②では、そういった問題を払拭するための「古文の読解法」を基礎から最短距離で身につけます。本書は終えたみなさんは、ぜひ「レベル② 初級編」に進んでください。

【音声学習】全古文の朗読音声を再生 ▶▶▶

右の二次元コードを読み込むと、本書に収録された全古文（第1回～第30回の問題文）の朗読音声が「全編通し」で再生できます。本書の復習や音読学習などにご活用ください。 ☞

MEMO

MEMO

【志望校レベルと本書のレベル対応表】

※主に文系学部（国公立大は前期）のレベル。偏差値は東進模試のデータにもとづくおおよその目安です。

難易度	偏差値	志望校レベル 国公立大（例）	志望校レベル 私立大（例）	本書のレベル（目安）
難	～67	東京大，京都大	国際基督教大，慶應義塾大，早稲田大	⑥最上級編
↑	66～63	一橋大，東京外国語大，国際教養大，筑波大，名古屋大，大阪大，北海道大，東北大，神戸大，東京都立大，大阪公立大	上智大，青山学院大，明治大，立教大，中央大，同志社大	⑥最上級編 ⑤上級編
	62～60	お茶の水女子大，横浜国立大，九州大，名古屋市立大，千葉大，京都府立大，奈良女子大，金沢大，信州大，広島大，都留文科大，静岡県立大，奈良県立大	東京理科大，法政大，学習院大，武蔵大，中京大，立命館大，関西大，成蹊大	⑥最上級編 ⑤上級編 ④中級編
	59～57	茨城大，埼玉大，岡山大，熊本大，新潟大，富山大，静岡大，滋賀大，高崎経済大，長野大，山形大，岐阜大，三重大，和歌山大，島根大，香川大，佐賀大，岩手大，群馬大	津田塾大，関西学院大，獨協大，國學院大，成城大，南山大，武蔵野大，京都女子大，駒澤大，専修大，東洋大，日本女子大	⑤上級編 ④中級編 ③標準編
	56～55	**共通テスト**，広島市立大，宇都宮大，山口大，徳島大，愛媛大，高知大，長崎大，福井大，新潟県立大，釧路公立大，大分大，鹿児島大，福島大，宮城大，岡山県立大	玉川大，東海大，文教大，立正大，西南学院大，近畿大，東京女子大，日本大，龍谷大，甲南大	④中級編 ③標準編 ②初級編
	54～51	弘前大，秋田大，琉球大，長崎県立大，名桜大，青森公立大，石川県立大，秋田県立大，富山県立大	亜細亜大，大妻女子大，大正大，国士舘大，東京経済大，名城大，武庫川女子大，福岡大，杏林大，白鴎大，京都産業大，創価大，帝京大，神戸学院大，城西大	③標準編 ②初級編 ①文法編
↓	50～	北見工業大，室蘭工業大，職業能力開発総合大，公立はこだて未来大，水産大	大東文化大，追手門学院大，関東学院大，桃山学院大，九州産業大，拓殖大，摂南大，沖縄国際大，札幌大，共立女子短大，大妻女子短大	②初級編 ①文法編
易	-	一般公立高校（中学レベル）	一般私立高校（中学～高校入門レベル）	①文法編

【世界初!?】古文の「朗読音声」付き問題集！

英語と同様、実は古文も「音読」によって読解力が上がります。本書（レベル③～⑥）では、一流ナレーターによる朗読音声を収録。解説冒頭に印刷されたQRコードをスマホのカメラで読み取ると，問題文の朗読音声が再生されます。　音声サンプル▶

東進ブックス　★全国書店で好評発売中!!

【訂正のお知らせはコチラ】 ▶▶▶

本書の内容に万が一誤りがございました場合は，東進 WEB 書店（https://www.toshin.com/books/）の本書ページにて随時お知らせいたしますので，こちらをご確認ください。☞

大学受験 レベル別問題集シリーズ

古文レベル別問題集① 文法編

発行日：二〇二一年一一月三〇日　初版発行
　　　　二〇二四年　七　月一七日　第4版発行

著　者：富井健二

発行者：永瀬昭幸

発行所：株式会社ナガセ
〒180-0003　東京都武蔵野市吉祥寺南町一-二九-二
出版事業部（東進ブックス）
TEL：0422-70-7456／FAX：0422-70-7457
※東進ブックスの情報は「東進WEB書店 <www.toshin.com/books>」をご覧ください。

編集担当：八重樫清隆

編集協力：板谷優初　山下芽久　三木龍瑛　佐廣美有
校正・校閲：紫草学友舎
本文イラスト：松井文子
ＤＴＰ・装丁：東進ブックス編集部
印刷・製本：シナノ印刷㈱

Printed in Japan　ISBN978-4-89085-883-5　C7381

東進ブックス

東進ブックス

編集部より

この本を読み終えた君にオススメの3冊!

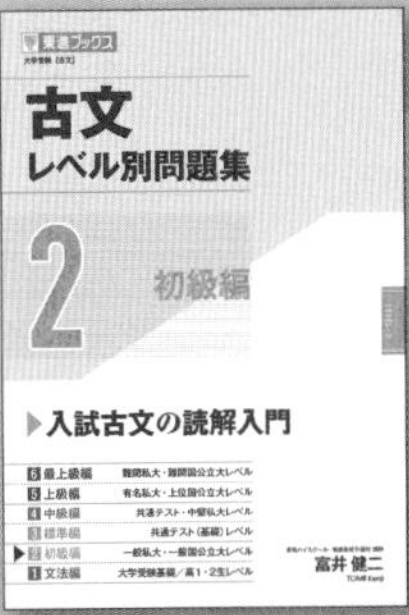

入試古文の読解入門。やさしめの古文で「古文の読解法」と「古文常識」を同時に最短距離でマスターすることができます。

「古文の読解法」と同時に「古文常識・作品常識」も“はじめからていねいに”同時マスター! 絶対に成績が上がるおすすめ本です。

共通テストから難関大まで重要単語を完全網羅!『古文レベル別問題集』シリーズの「単語チェック」はこの単語集がベースになっています。

体験授業

※1講座（90分×1回）を受講できます。
※お電話または東進ドットコムでご予約ください。
連絡先は付録7ページをご覧ください。
※お友達同士でも受講できます。

この本を書いた講師の授業を受けてみませんか?

東進では有名実力講師陣の授業を無料で体験できる『体験授業』を行っています。
「わかる」授業、「完璧に」理解できるシステム、そして最後まで「頑張れる」雰囲気を実際に体験してください。

富井健二先生の主な担当講座
「古典文法」「ビジュアル古文読解マニュアル」など

東進の合格の秘訣が次ページに

合格の秘訣1

全国屈指の実力講師陣

東進の実力講師陣 数多くのベストセラー参考書を執筆!!

東進ハイスクール・東進衛星予備校では、そうそうたる講師陣が君を熱く指導する！

本気で実力をつけたいと思うなら、やはり根本から理解させてくれる一流講師の授業を受けることが大切です。東進の講師は、日本全国から選りすぐられた大学受験のプロフェッショナル。何万人もの受験生を志望校合格へ導いてきたエキスパート達です。

英語

雑誌『TIME』やベストセラーの翻訳も手掛け、英語界でその名を馳せる実力講師。

宮崎 尊先生
［英語］

爆笑と感動の世界へようこそ。「スーパー速読法」で難解な長文も速読即解！

渡辺 勝彦先生
［英語］

100万人を魅了した予備校界のカリスマ。抱腹絶倒の名講義を見逃すな！

今井 宏先生
［英語］

本物の英語力をとことん楽しく！日本の英語教育をリードするMr.4Skills.

安河内 哲也先生
［英語］

関西の実力講師が、全国の東進生に「わかる」感動を伝授。

慎 一之先生
［英語］

全世界の上位5％(PassA)に輝く、世界基準のスーパー実力講師！

武藤 一也先生
［英語］

いつのまにか英語を得意科目にしてしまう、情熱あふれる絶品授業！

大岩 秀樹先生
［英語］

数学

明快かつ緻密な講義が、君の「自立した数学力」を養成する！

寺田 英智先生
［数学］

「ワカル」を「デキル」に変える新しい数学は、君の思考力を刺激し、数学のイメージを覆す！

松田 聡平先生
［数学］

論理力と思考力を鍛え、問題解決力を養成。多数の東大合格者を輩出！

青木 純二先生
［数学］

数学を本質から理解し、あらゆる問題に対応できる力を与える珠玉の名講義！

志田 晶先生
［数学］

国語

ビジュアル解説で古文を簡単明快に解き明かす実力講師。

富井 健二先生
［古文］

東大・難関大志望者から絶大なる信頼を得る本質の指導を追究。

栗原 隆先生
［古文］

明快な構造板書と豊富な具体例で必ず君を納得させる！「本物」を伝える現代文の新鋭。

西原 剛先生
［現代文］

「脱・字面読み」トレーニングで、「読む力」を根本から改革する！

輿水 淳一先生
［現代文］

文章で自分を表現できれば、受験も人生も成功できますよ。「笑顔と努力」で合格を！

石関 直子先生
［小論文］

小論文、総合型、学校推薦型選抜のスペシャリストが、君の学問センスを磨き、執筆プロセスを直伝！

正司 光範先生
［小論文］

幅広い教養と明解な具体例を駆使した緩急自在の講義。漢文が身近になる！

寺師 貴憲先生
［漢文］

縦横無尽な知識に裏打ちされた立体的な授業に、グングン引き込まれる！

三羽 邦美先生
［古文・漢文］

理科

「いきもの」をこよなく愛する心が君の探究心を引き出す！生物の達人。

飯田 高明先生
［生物］

「なぜ」をとことん追究し「規則性」「法則性」が見えてくる大人気の授業！

立脇 香奈先生
［化学］

化学現象を疑い化学全体を見通す“伝説の講義”は東大理三合格者も絶賛。

鎌田 真彰先生
［化学］

正しい道具の使い方で、難問が驚くほどシンプルに見えてくる！

宮内 舞子先生
［物理］

地歴公民

世界史を「暗記」科目だなんて言わせない。正しく理解すれば必ず伸びることを一緒に体感しよう。

加藤 和樹先生
［世界史］

“受験世界史に荒巻あり”と言われる超実力人気講師！世界史の醍醐味を。

荒巻 豊志先生
［世界史］

つねに生徒と同じ目線に立って、入試問題に対する的確な思考法を教えてくれる。

井之上 勇先生
［日本史］

歴史の本質に迫る授業と、入試頻出の「表解板書」で圧倒的な信頼を得る！

金谷 俊一郎先生
［日本史］

「今」を知ることは「未来」の扉を開くこと。受験に留まらず、目標を高く、そして強く持て！

執行 康弘先生
［公民］

政治と経済のメカニズムを論理的に解明しながら、入試頻出ポイントを明確に示す。

清水 雅博先生
［公民］

わかりやすい図解と統計の説明に定評。

山岡 信幸先生
［地理］

どんな複雑な歴史も難問も、シンプルな解説で本質から徹底理解できる。

清水 裕子先生
［世界史］

※書籍画像は2024年3月末時点のものです。

合格の秘訣2 ココが違う 東進の指導

01 人にしかできない やる気を引き出す指導

夢と志は志望校合格への原動力！

東進では、将来を考えるイベントを毎月実施しています。夢・志は大学受験のその先を見据える、学習のモチベーションとなります。仲間とワクワクしながら将来の夢・志を考え、さらに志を言葉で表現していく機会を提供します。

夢・志を育む指導

受験は団体戦！仲間と努力を楽しめる

東進ではチームミーティングを実施しています。週に1度学習の進捗報告や将来の夢・目標について語り合う場です。一人じゃないから楽しく頑張れます。

チーム制

一人ひとりを大切に君を個別にサポート

東進が持つ豊富なデータに基づき君だけの合格設計図をともに考えます。熱誠指導でどんな時でも君のやる気を引き出します。

担任指導

現役合格者の声

東京大学 文科一類
中村 誠雄くん
東京都 私立 駒場東邦高校卒

林修先生の現代文記述・論述トレーニングは非常に良質で、大いに受講する価値があると感じました。また、担任指導やチームミーティングは心の支えでした。現状を共有でき、話せる相手がいることは、東進ならではで、受験という本来孤独な闘いにおける強みだと思います。

02 人間には不可能なことをAIが可能に

学力×志望校 一人ひとりに最適な演習をAIが提案！

東進のAI演習講座は2017年から開講していて、のべ100万人以上の卒業生の、200億題にもおよぶ学習履歴や成績、合否等のビッグデータと、各大学入試を徹底的に分析した結果等の教務情報をもとに年々その精度が上がっています。2024年には全学年にAI演習講座が開講します。

AI演習

現役合格者の声

千葉大学 医学部医学科
寺嶋 伶旺くん
千葉県立 船橋高校卒

高1の春に入学しました。野球部と両立しながら早くから勉強をする習慣がついていたことは僕が合格した要因の一つです。「志望校別単元ジャンル演習講座」は、AIが僕の苦手を分析して、最適な問題演習セットを提示してくれるため、集中的に弱点を克服することができました。

AI演習講座ラインアップ

高3生 苦手克服＆得点力を徹底強化！

「志望校別単元ジャンル演習講座」
「第一志望校対策演習講座」
「最難関4大学特別演習講座」

高2生 大学入試の定石を身につける！

「個人別定石問題演習講座」

高1生 素早く、深く基礎を理解！

「個人別基礎定着問題演習講座」 2024年夏 新規開講

東進で勉強したいが、近くに校舎がない君は…

東進ハイスクール
在宅受講コースへ

「遠くて東進の校舎に通えない……」。そんな君も大丈夫！ 在宅受講コースなら自宅のパソコンを使って勉強できます。ご希望の方には、在宅受講コースのパンフレットをお送りいたします。お電話にてご連絡ください。学習・進路相談も随時可能です。

0120-531-104

03 本当に学力を伸ばすこだわり

楽しい！わかりやすい！そんな講師が勢揃い

わかりやすいのは当たり前！おもしろくてやる気の出る授業を約束します。1・5倍速×集中受講の高速学習。そして、12レベルに細分化された授業を組み合わせ、スモールステップで学力を伸ばす君だけのカリキュラムをつくります。

実力講師陣

本番レベル・スピード返却学力を伸ばす模試

常に本番レベルの厳正実施。合格のために何をすべきか点数でわかります。WEBを活用し、最短中3日の成績表スピード返却を実施しています。

東進模試

パーフェクトマスターのしくみ

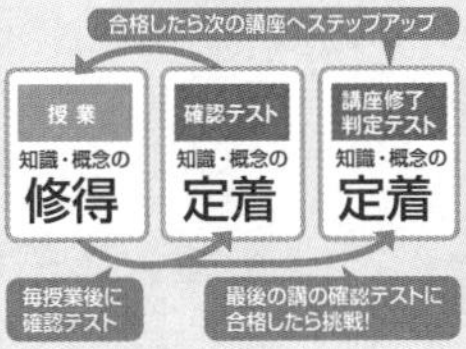

英単語1800語を最短1週間で修得！

基礎・基本を短期間で一気に身につける「高速マスター基礎力養成講座」を設置しています。オンラインで楽しく効率よく取り組めます。

高速マスター

現役合格者の声

早稲田大学 基幹理工学部
津行 陽奈さん
神奈川県 私立 横浜雙葉高校卒

私が受験において大切だと感じたのは、長期的な積み重ねです。基礎力をつけるために「高速マスター基礎力養成講座」や授業後の「確認テスト」を満点にすること、模試の復習などを積み重ねていくことでどんどん合格に近づき合格することができたと思っています。

君の高校の進度に合わせて学習し、定期テストで高得点を取る！

ついに登場！
高等学校対応コース

目指せ！「定期テスト」20点アップ！
「先取り」で学校の勉強がよくわかる！

楽しく、集中が続く、授業の流れ

1.導入
授業の冒頭では、講師と担任助手の先生が今回扱う内容を紹介します。

2.授業
約15分の授業でポイントをわかりやすく伝えます。要点はテロップでも表示されるので、ポイントがよくわかります。

3.まとめ
授業が終わったら、次は確認テスト。その前に、授業のポイントをおさらいします。

2024年 東進現役合格実績

受験を突破する力は未来を切り拓く力!

東大現役合格実績日本一※1 6年連続800名超!

現役生のみ! 講習生を含まず!

※1 2023年東大現役合格実績をホームページ・パンフレット・チラシ等で公表している予備校の中で最大（2023年JDnet調べ）。

東大834名

文科一類	118名	理科一類	300名
文科二類	115名	理科二類	121名
文科三類	113名	理科三類	42名
学校推薦型選抜	25名		

現役合格者の36.5%が東進生!

全現役合格者に占める東進生の割合

2024年の東大全体の現役合格者は2,284名。東進の現役合格者は834名。東進生の占有率は36.5%。現役合格者の2.8人に1人が東進生です。

学校推薦型選抜も東進!

東大25名

学校推薦型選抜
現役合格者の27.7%が東進生!

推薦入試でも東進生現役占有率 27.7%

法学部	4名	工学部	8名
経済学部	1名	理学部	4名
文学部	1名	薬学部	2名
教育学部	1名	医学部医学科	1名
教養学部	3名		

京大493名 昨対+21名

総合人間学部	23名	医学部人間健康科学科	20名
文学部	37名	薬学部	14名
教育学部	10名	工学部	161名
法学部	56名	農学部	43名
経済学部	49名	特色入試（上記に含む）	24名
理学部	52名		
医学部医学科	28名		

早慶5,980名 昨対+239名

早稲田大 3,582名 史上最高!※2

政治経済学部	472名
法学部	354名
商学部	297名
文化構想学部	276名
理工3学部	752名
他	1,431名

慶應義塾大 2,398名 史上最高!※2

法学部	290名
経済学部	368名
商学部	487名
理工学部	576名
医学部	39名
他	638名

医学部医学科 1,800名 昨対+9名

国公立医・医 1,033名 防衛医科大学校を含む
私立医・医 767名 史上最高!※2

国公立医・医1,033名 防衛医科大学校を含む

東京大	43名	名古屋大	28名	筑波大	21名	横浜市立大	14名	神戸大	30名
京都大	28名	大阪大	23名	千葉大	25名	浜松医科大	19名	その他	
北海道大	18名	九州大	23名	東京医科歯科大	21名	大阪公立大	12名	国公立医・医	700名
東北大	28名								

私立医・医 767名 昨対+40名 史上最高!※2

自治医科大	32名	慶應義塾大	39名	東京慈恵会医科大	30名	関西医科大	49名	その他	
国際医療福祉大	80名	順天堂大	52名	日本医科大	42名			私立医・医	443名

旧七帝大＋東工大・一橋大・神戸大 4,599名

東京大	834名	東北大	389名	九州大	487名	一橋大	219名
京都大	493名	名古屋大	379名	東京工業大	219名	神戸大	483名
北海道大	450名	大阪大	646名				

上理明青立法中 21,018名

上智大	1,605名	青山学院大	2,154名	法政大	3,833名
東京理科大	2,892名	立教大	2,730名	中央大	2,855名
明治大	4,949名				

国公立大16,320名

※2 史上最高…東進のこれまでの実績の中で最大。

国公立 総合・学校推薦型選抜も東進!

旧七帝大＋東工大・一橋大・神戸大 434名

東京大	25名	大阪大	57名
京都大	24名	九州大	38名
北海道大	24名	東京工業大	30名
東北大	119名	一橋大	10名
名古屋大	65名	神戸大	42名

国公立医・医 319名

国公立大学の総合型・学校推薦型選抜の合格実績は、指定校推薦を除く、早稲田塾を含まない東進ハイスクール・東進衛星予備校の現役生のみの合同実績です。

関関同立 13,491名

関西学院大	3,139名	同志社大	3,099名	立命館大	4,477名
関西大	2,776名				

日東駒専 9,582名

日本大	3,560名	東洋大	3,575名	駒澤大	1,070名	専修大	1,377名

産近甲龍 6,085名

京都産業大	614名	近畿大	3,686名	甲南大	669名	龍谷大	1,116名

ウェブサイトでもっと詳しく 東進 検索

2024年3月31日締切

各大学の合格実績は、東進ネットワーク（東進ハイスクール、東進衛星予備校、早稲田塾）の現役生のみ、高３時在籍者のみの合同実績です。一人で複数合格した場合は、それぞれの合格者数に計上しています。

東進へのお問い合わせ・資料請求は
東進ドットコム www.toshin.com
もしくは下記のフリーコールへ！

ハッキリ言って合格実績が自慢です！ 大学受験なら、

東進ハイスクール 0120-104《トーシン》-555《ゴーゴーゴー》

●東京都

[中央地区]
- □市ヶ谷校 0120-104-205
- □新宿エルタワー校 0120-104-121
- ＊新宿校大学受験本科 0120-104-020
- 高田馬場校 0120-104-770
- □人形町校 0120-104-075

[城北地区]
- 赤羽校 0120-104-293
- 本郷三丁目校 0120-104-068
- 茗荷谷校 0120-738-104

[城東地区]
- 綾瀬校 0120-104-762
- 金町校 0120-452-104
- 亀戸校 0120-104-889
- □★北千住校 0120-693-104
- 錦糸町校 0120-104-249
- □豊洲校 0120-104-282
- 西新井校 0120-266-104
- 西葛西校 0120-289-104
- 船堀校 0120-104-201
- 門前仲町校 0120-104-016

[城西地区]
- □池袋校 0120-104-062
- 大泉学園校 0120-104-862
- 荻窪校 0120-687-104
- 高円寺校 0120-104-627
- 石神井校 0120-104-159
- □巣鴨校 0120-104-780
- 成増校 0120-028-104
- 練馬校 0120-104-643

[城南地区]
- 大井町校 0120-575-104
- 蒲田校 0120-265-104
- 五反田校 0120-672-104
- 三軒茶屋校 0120-104-739
- □渋谷駅西口校 0120-389-104
- 下北沢校 0120-104-672
- □自由が丘校 0120-964-104
- □成城学園前駅校 0120-104-616
- 千歳烏山校 0120-104-331
- 千歳船橋校 0120-104-825
- 都立大学駅前校 0120-275-104
- 中目黒校 0120-104-261
- □二子玉川校 0120-104-959

[東京都下]
- □吉祥寺南口校 0120-104-775
- 国立校 0120-104-599
- 国分寺校 0120-622-104
- □立川駅北口校 0120-104-662
- 田無校 0120-104-272
- □調布校 0120-104-305
- 八王子校 0120-896-104
- 東久留米校 0120-565-104
- 府中校 0120-104-676
- □★町田校 0120-104-507
- 三鷹校 0120-104-149
- 武蔵小金井校 0120-480-104
- 武蔵境校 0120-104-769

●神奈川県
- 青葉台校 0120-104-947
- 厚木校 0120-104-716
- 川崎校 0120-226-104
- 湘南台東口校 0120-104-706
- 新百合ヶ丘校 0120-104-182
- センター南駅前校 0120-104-722
- たまプラーザ校 0120-104-445
- 鶴見校 0120-876-104
- 登戸校 0120-104-157
- 平塚校 0120-104-742
- □藤沢校 0120-104-549
- □武蔵小杉校 0120-165-104
- □★横浜校 0120-104-473

●埼玉県
- □浦和校 0120-104-561
- □大宮校 0120-104-858
- 春日部校 0120-104-508
- 川口校 0120-917-104
- 川越校 0120-104-538
- 小手指校 0120-104-759
- 志木校 0120-104-202
- せんげん台校 0120-104-388
- 草加校 0120-104-690
- 所沢校 0120-104-594
- □★南浦和校 0120-104-573
- 与野校 0120-104-755

●千葉県
- 我孫子校 0120-104-253
- 市川駅前校 0120-104-381
- 稲毛海岸校 0120-104-575
- □海浜幕張校 0120-104-926
- □★柏校 0120-104-353
- 北習志野校 0120-344-104
- □新浦安校 0120-556-104
- 新松戸校 0120-104-354
- 千葉校 0120-104-564
- □★津田沼校 0120-104-724
- 成田駅前校 0120-104-346
- 船橋校 0120-104-514
- 松戸校 0120-104-257
- 南柏校 0120-104-439
- 八千代台校 0120-104-863

●茨城県
- つくば校 0120-403-104
- 取手校 0120-104-328

●静岡県
- ★静岡校 0120-104-585

●奈良県
- ★奈良校 0120-104-597

★は高卒本科（高卒生）設置校
＊は高卒生専用校舎
□は中学部設置校

※変更の可能性があります。
最新情報はウェブサイトで確認できます。

全国約1,000校、10万人の高校生が通う、

東進衛星予備校 0120-104《トーシン》-531《ゴーサイン》

近くに東進の校舎がない高校生のための

東進ハイスクール 在宅受講コース 0120-531《ゴーサイン》-104《トーシン》

ここでしか見られない受験と教育の最新情報が満載！

東進ドットコム www.toshin.com

東進 検索

東進TV

東進のYouTube公式チャンネル「東進TV」。日本全国の学生レポーターがお送りする大学・学部紹介は必見！

大学入試過去問データベース

君が目指す大学の過去問を素早く検索できる！ 2024年入試の過去問も閲覧可能！

※2024年4月現在

【助詞】一覧表

※赤文字部分はすべて覚えましょう。

未＝未然形／用＝連用形／終＝終止形／体＝連体形／已＝已然形／命＝命令形

格助詞

▼体言に付き、その体言の文中での位置づけをする。

接続	助詞	用法
体言（体）	が	①主格（～が） ②連体格（～の） ③同格（～で） ④準体格（～のもの） ⑤比喩（～のような・～のように）
	の	（が と同じ）
	して	①方法・手段（～で） ②使役の対象（～に〔命じて〕） ③動作の共同者（～と〔共に〕）
	にて	①場所・時（～で・～のときに） ②手段・方法・材料（～で） ③原因・理由（～ので）
	を	①対象（～を） ②起点（～から） ③経由（～を通って）
	に	①場所（～に） ②時（～に） ③対象・相手（～に） ④原因・理由（～により） ⑤変化の結果（～に） ⑥比較の基準（～に・～より） ⑦強調
	へ	①方向（～へ・～に）
	と	①相手・共同者（～と） ②変化の結果（～と・～に） ③引用（～と） ④並列（～と～と） ⑤比較の基準（～と・～と比べて）
	より	①起点（～から） ②経由（～を通って） ③方法・手段（～で） ④比較（～よりも） ⑤即時（～するやいなや） ⑥原因・理由（～ので）
	から	①起点（～から） ②経由（～を通って）

接続助詞

▼主に活用語に接続して、前後の文をつなぐ。

接続	助詞	用法
体	を	①単純な接続（…〔する〕と・…ところ・…が） ②逆接の確定条件（…だが） ③順接の確定条件〔原因・理由〕（…ので）
	に	（を と同じ）
	が	（を と同じ）
	ものの ものを ものから ものゆゑ	①逆接の確定条件（…だが） ←「ものの」はこの意味のみ ②原因・理由（…ので）
未	ば	①順接の仮定条件（〔もし〕…ならば）
已	ば	①順接の確定条件 (a)原因・理由（…ので） (b)偶然・必然（…すると）
未	で	①打消接続（…ないで）
用	して て	①単純な接続（…て・…で）
	つつ	①反復・継続（…しては） ②同時（…しながら）
	ながら	①逆接の確定条件（…だが・…ながら） ②同時（…しながら） ③継続（…のまま）
形用 動終	とも	①逆接の仮定条件（…しても）
已	ど	①逆接の確定条件（…